U0899290

［韩］郑先惠　徐永宇　◎著
游芯歆　◎译

给梦想10分钟

每天瞎忙10小时，
不如给梦想10分钟！

四川人民出版社

图书在版编目（CIP）数据

给梦想10分钟：每天瞎忙10小时，不如给梦想10分钟！/（韩）郑先惠，（韩）徐永宇著；游芯歆译．—成都：四川人民出版社，2015

ISBN 978-7-220-09259-6

Ⅰ．①给… Ⅱ．①郑… ②徐… ③游… Ⅲ．①时间－管理－通俗读物 Ⅳ．① C935-49

中国版本图书馆CIP数据核字（2014）第167346号

版权合同登记号　图字：21-2014-96

给梦想10分钟：每天瞎忙10小时，不如给梦想10分钟！

郑先惠　徐永宇　著
　　　　游芯歆　译

执行策划	桂　林　黄　河
责任编辑	王定宇　何佳佳
装帧设计	戴雨虹
责任校对	袁晓红
特约编辑	杨华妮
责任印制	王　芳　方誉霖
封面设计	零创意文化
出版发行	四川人民出版社（成都槐树街2号）
网　　址	http://www.scpph.com
E-mail	sichuanrmcbs@sina.com
新浪微博	@四川人民出版社官博
发行部业务电话	(028) 86259457　85259453
防盗版举报电话	(028) 86259457
印　　刷	深圳市汇亿丰印刷科技有限公司
成品尺寸	148mm × 210mm
印　　张	7
字　　数	134千字
版　　次	2015年01月第1版
印　　次	2015年01月第1次印刷
书　　号	ISBN 978-7-220-09259-6
定　　价	29.80元

致中国读者信

中國 독자분들께

살아가며 우리는 많은 경험을 합니다.
그리고 그 경험들은 우리 기억 속에서 천천히 잊혀져 갑니다.
우리의 과거는 아쉽고, 우리의 현재는 고되고,
우리의 미래는 알 수 없습니다.
누구에게나 주어진 이 순간이 어떤 이에겐 희망이 되고
어떤 이에겐 절망이 됩니다.
우리의 고된 하루를 희망으로 만드는 방법이 있을까요?
바로 10분 입니다. 꿈을 위한 작은 노력, 작은 발걸음 입니다.
그렇게 소리없이 한 방울씩, 빗방울이 큰 그릇을 채우듯
담겨지는 것 입니다.
시간의 마법은 우리의 시간을 소리없이 거두어 갑니다.
하지만, 우리가 10분의 한 방울을 채워 놓았다면
흘러간 시간의 뒤엔 그토록 원했던 우리의 모습이 있을 것입니다.
여러분의 꿈은 무엇입니까? 무엇이었습니까?
오늘 한 걸음만 내 딛어 보세요. 10분만 시간을 내어 보세요.
시간의 마법을 통해 얻은 저희의 경험이 여러분들에게 희망을
가져다주기를 진심으로 바랍니다. 감사합니다.

저자 정선혜, 서영국

亲爱的中国读者们：

这一路走来，我们经历了很多，我们对过去念念不舍，对现在的生活感到辛苦，对未来的生活一无所知。现在的这一瞬间或许对某些人来说是希望，对某些人来说却是绝望。我们有将现在辛苦的一天变成有希望的一天的方法吗？哈哈，这个方法就是“10 分钟的魔法”。为了梦想付出小小的努力，迈出小小的步伐，就这样默默地像小雨滴一样一滴一滴慢慢聚集，将大碗装满。

时间的魔法在于悄无声息将我们的时间统统抹去。但是，如果我们把 10 分钟的小雨滴聚集起来，时间流逝后就会成为我们理想中的自己的模样。

大家现在的梦想是什么呢？过去又有什么样的梦想呢？不妨从今天起迈出一步，每天挤出 10 分钟的时间来行动！我们真心希望通过时间的魔法，能给大家带来希望。谢谢！

郑先惠　徐永宇

权威推荐语

包利民　《读者》签约作家、专栏作家

我们纠缠于琐碎中太久了，心已渐渐蒙尘，随波逐流。这本书让我们有了每天 10 分钟的灵动，那是温暖的源泉，是生长梦想的土壤。每天 10 分钟的坚守，却是一生的收获。

赵格羽　畅销书作家、编剧，致力于提高幸福和快乐指数研究

上天其实很公平，给我们每个人都是 24 小时，只是每个人利用时间的方式不同，成就也就不同。这本书就教你如何把时间用在刀刃上，善用 10 分钟的力量，以小搏大，让你离你的梦想更近一步。

李相勋　韩国通信社社长

我常常跟职场人士说："今天与昨天的生活有 95% 相同，但如何对待剩下的与昨天不同的 5%，则可决定一个人的明

天。”如今幸而有本书的出版，代替了那句话。希望大家都能怀着兴奋与期待的心情，准备好宝贵的10分钟，以与昨天不同的5%来迎接今天。

洪性元　韩国世贸中心代表理事

本书以小说的形式深入浅出地说明时间这个高难度的主题。对于人生和时间，作者也有十分新颖的看法，也在时间的活用上，做了最直接的示范。我对这本书的可行度，抱以莫大的信任。

崔元贞　韩国国家电视台（KBS）新闻主播

将我从烦闷的日常生活中解救出来的，不是白马王子，而是这本书。

郑世真　韩国国家电视台（KBS）新闻主播

10分钟的力量！笔记本的力量！这是我在这本书中所得到的两件法宝！如今，我似乎能够满怀希望，期待自己10年后的模样。

李太坤　电视剧《广开土大王》主演

在每天反复的拍摄中，我总感觉时间不够用，而这本书为我找到了一个出口。10 分钟是多么宝贵的时间，我也学到了该如何活用宝贵的时间。这本书可算是我宝贵时间的管理者。

推荐序

每天给梦想10分钟

每天给梦想10分钟，这听起来很打动人心，可这样真的会有用吗？每当我们想要开始做一件事时，总会觉得一定需要用大把时间才能完成。可每天哪有大把固定时间来专心做一件事呢？于是我们就会给自己冠上“没时间”的大帽子，更别说想做很多事了。我们总认为要用2小时读书，2小时背单词，2小时……才能看到做一件事的成果，从来不相信“积少成多”的道理。如今社会，每个人都想做多面手，职场好员工，生活好伴侣，琴棋书画样样精通，说学逗唱一个不落。每当看到其他人能把生活过得多姿多彩，内心就会涌现出对自己不争气的愤怒，以及对男神女神的嫉妒。可如何才能让自己变成人人羡慕嫉妒恨的多面手呢？终有一天，自己也可以变成这样的人么？

我曾经发起过一个豆瓣小组，号召网友每天早起 10 分钟来学习网络课堂的内容，组里的成员学得热火朝天，不到一个月就变成了豆瓣网络课程学习的第一大组，后来还上了报纸、电视，现在有 6 万多人每天在小组里进行内容讨论。我不知道他们是否真的每天只学习 10 分钟，但是我相信能坚持下来的人一定能从中获益。惭愧的是，我虽然是小组长，但是我没有坚持下来，因为我总觉得自己特别忙，抽不出时间来。可是真的一天连 10 分钟都没有吗？我明明可以躺在沙发上刷微博刷半小时啊。我只是单一地看到每天 10 分钟的时间，而没能看到长远积累的未来。想想书中说的，对于感兴趣的内容，每天积累 10 分钟，比如财经新闻看 10 分钟、体育新闻看 10 分钟，幼教杂志看 10 分钟，心理学看 10 分钟……这些零碎的时间，每个人都会有，就看你能不能坚持了。

“不要总追忆以前的事，要学会放眼于未来”，看到这句话的第二天，我在杂志上看到这样一个故事，一个经历了牢狱之灾的老人，在 70 多岁之后才回到自由的生活里，他毅然包下山区的山林，种上了橘子！ 10 年后的今天，这位老人种的橘子成为畅销中国的著名品牌，而已经 80 多岁的他还在不断为自己的橘子拓展电商销售渠道。看完这个故事后，我非常激动，有一种感动从心底汩汩而来，感受到了生命的伟大与奇迹。在日常生活中，我总会收到很多年轻人的来信，很大一部分人都提到自己现在多大年纪，过去干了什么，现在想要干什么，不知道还是否来得及。我想说的是，不管时间早晚，只要在行走中，放眼未来，就会有不一样的未来。

我很少看教人怎么生活、怎么学习的书籍，但这本书的每一个小经验都让我很动心地想要试试看，比如说每天给梦想 10 分钟，不要总追忆以前的事，要学会放眼未来，只要愿意开始试试看，就会给未来的人生埋下惊喜的种子。

特立独行的猫

畅销书《不要让过去的你，讨厌现在的自己》《挺住，意味着一切》作者

目 录

自 序　10分钟的魔法改变了我的人生　1

Beginning　故事从一篇成功人士的采访说起……　1

Chapter1 人每天忙碌到底为了什么？　7

为了摆脱穷忙疲累的生活，维珍四处投简历，原本不抱希望的S商社通知她已经通过了初试，但要参加为期一周的最终考核。看到其他优秀应征者，家里没有什么背景、英语成绩也不怎么好的维珍喜忧参半，这时她偶遇了高中的学长，学长提到了什么魔法，让她变得淡定了。

疲累而穷忙的日子　8

意外通过知名企业的面试去培训　10

偶遇学长　12

从学长口中第一次听说“时间的魔法”　18

Chapter2 当生活陷入时间的魔法跳不出来　21

每天在奔赴与学长的10分钟约会的路上，维珍思绪纷乱，想起学长口中的“时间的魔法”，这到底是什么呢？自己也似乎无法从时间的魔法中跳脱出来。那么，到底该如何做，才能克服这个情况呢？学长是怎么办到的？维珍太想知道这一切，简直到了难以忍受的地步。

如果每天都是周而复始 23
受困在时间的魔法里 29

Chapter3 别再留恋融化掉的冰激凌 35

培训第一天，讲师提问，维珍居然无话可说。尔后因为老想着那个失误，她在后面的团体活动也无法好好表现。正是因为维珍老想着那个失误，太在意他人看法，才会将过去的失误一直放在心上，等于是陷在过去里。听了学长提到的“过去的魔法”后，维珍豁然开朗，知道该如何提高自己的名次。

培训合格率只有 50% 36
被点名发言却无话可说 39
过去的魔法与记忆 43

Chapter4 圆梦急不得！每天给梦想 10 分钟 61

据职业测试结果显示，维珍的个性属于内向感性型。正是这种安于现状型的个性，使得维珍无法从单调重复的生活中脱身，被束缚于安逸的围墙内，没有想到远方的未来。这时，学长又提到了另一个“10 分钟魔法”：梦想着自己未来的样子，和今天的自己约定好每天努力 10 分钟。

职业性格测试结果出乎意料 63
每天和自己约定 10 分钟 67

Chapter5 **勇敢说出，10 年后你想成为怎样的人** 77

在痛苦的商业英语培训后，维珍排到最后一名，沮丧之下，学长是如何开导她的呢？学长为什么要维珍思考 10 年后想成为什么样的人，并且每年订立 10 项计划呢？为什么一年里就得订下 10 个目标，反正是当成 10 年的目标，一年一个不是更好吗？这与 10 分钟的魔法有什么关系呢？

痛苦的商业英语培训 79

10 年的梦想，10 年的目标 82

Chapter6 **永久保存记忆的三大魔法** 99

看着厚重如砖块般的法律教材，光听到有关法律的话题，维珍头都晕了，更何况还要考试。可是维珍听学长讲完记忆的原理后，再运用他传授的三大法宝，便对即将到来的考试信心十足。

公布通关考试的范围 101

记忆的原理 104

加强记忆方法之一——兴趣烙印法 114

加强记忆方法之二——讲故事烙印法 117

加强记忆方法之三——压力烙印法 120

Chapter7 **别忘了挪出时间关心你珍爱的人** 139

培训的最后一天，讲师需要各组发表对公司未来规划的企划书，维珍自请当组长，她活用学长传授的时间的魔法，使所在的小组得到讲师的最高评价。随后在与学长的约会中，学长提到了“时间共享”，也正是因为每个人各自的经验，汇聚在公司这个框架内，发挥出协同效应，才赢得了讲师的好评。

小组讨论得到讲师的最高评价 140
与他人之间的时间共享 147
与家人之间的时间共享 151
与学长的最后一次约会 160

Chapter8 挫折是为你量身定做的礼物 165

终于到了结业日，拼尽全力的维珍竟然没有被录取。但维珍并没有伤心很久，她最后写道：“时间的魔法真令人感到惊异，通过这次培训，我才发现自己受困于时间的魔法中。今后，我将好好克服时间的魔法，下最大的决心，朝10年后的理想目标努力迈进……”

攀登高峰，就是超越人生 166
没有被录取 169
与学长最后道别 175

Chapter9 你不需要做个100分的人 179

就在维珍以为自己再无录取的可能时，她因考试里最后一道论述题的答案获得总经理的赏识而被破格录取。此后，维珍开始新事业的同时，还开始攻读市场学的学位。然而，或许是因为野心太大吧，她累到生病住院。就在这时，有人来探病。来的不是别人，正是她的学长。他又传授了什么魔法，让维珍此后 10 年里成为了市场学博士、企业的 CEO、大学讲师呢？

被破格录取了 181

勇于挑战新的梦想 184

10 分钟的魔法所带来的成功 188

Ending 采访结束后，新的人生才正要开始…… 193

自　序

10 分钟的魔法改变了我的人生

刚开始构思这本书时，我首先便确立了本书的宗旨，即为了帮助他人实现梦想。书中融合了我从人生导师那得来的领悟，以及切身经历过的命运变化，我希望更多的人读完这个故事后能得到安慰与力量。于是我才鼓起勇气，将自己的故事尽最大的努力化为文字。

书中大部分的内容，是以我自己过往经验为依据所写的。如果我在彷徨的青春期，或是为了生计而艰苦努力的日子里，也如现在一般有计划性地使用时间的话，或许我会成为另一个不同的人。

但是，正如书中所说的，人没必要缅怀过去，重要的是现在的自己。在我们受困于时间的魔法里，过着单调的生活之际，未来正大步地向我们走来。因此，要好好活用抵制时间魔法的 10 分钟的魔法，并最好从现在就开始。

故事中所出现的学长确有其人，他就是我长久以来的同伴，也是我的人生导师。自从我在 25 岁那年遇见他之后，我的人生便发生了相当大的变化。有一次，我应邀出席母校“成功校友会谈”的活动。恩师说，没想到有一天我会成为可以如此教导学弟学妹的人，并对我赞赏有加。

在我眼中，成功的人可以分为两种。一种是真正的天才，拥有与众不同的非凡能力；另一种人虽然才智平平，却凭借着持续不断的努力，最终收获了比别人更耀眼的成果。我的人生导师就是属于后者。因此，他的话更能引发普罗大众的共鸣，从而影响更多人的人生。

我第一次从人生导师那里听到 10 分钟的魔法时，心中真的感到莫大的冲击。一开始实践 10 分钟的魔法时，我的内心充满了自我怀疑，几乎是被我的人生导师强迫实践的。过了 30 岁才提交研究所硕士班入学申请书，翻开早就丢在脑后的托福书籍，那时的我只想着，做这些究竟有什么用？我只想放任自己在“30 岁，盛宴结束”的想法下，继续惶惶不可终日，过着空虚、忧郁的日子。即使后来顺利考上研究生，在上学期间，我也常常一天内萌生好几次想放弃的念头，我十分怀疑自己是否能顺利毕业，拿到学位。

然而，在人生导师的鼓励下，我按照他的学习方法准备硕士考试。同时，他还买了同样的教科书，陪我一起准备，每每听我汇报复习备考总结时，他都会给予建议，并提醒我要坚持执行 10 分钟的魔法。经过一段时间的持续努力后，我终于拿到了硕士学位，并且以优异的成绩毕业。在学位授予式当天，我整个人都沉浸在新生的喜悦之中。

拿到硕士学位之后，我又回到职场上，埋首工作。此时我才蓦然发现，经过之前的一番努力后，我的信心已经增强了许多。或许是因为这样，当人生导师建议我继续攻读博士学位时，我毫不犹豫地接受了这个挑战。虽然起初满怀自信，但是后头还有很多不容小觑的难关在等着我。在面对突然袭来的困难与挫折时，我只是专注地想着自己未来的样子，同时相信自己、爱自己，并且在日复一日的生活当中，努力做好当下该做好的事。为了信守 10 分钟的约定，我时时刻刻都全力以赴。一晃眼，10 年就过去了。如今我已经拿到了自己梦寐以求的博士学位，也在企业和大学里担任讲师。

我的人生导师在我获得学位时，或是在公司里因表现出色而获得表扬时，都会对我这么说：“现在才是开始！”

我想起了他第一次碰到我时所说过的话：“不要只满足于做一名电视节目外景主持人，而要找到一份会随着年纪越长、资历越丰富，而越受人尊敬的工作。你有梦想吗？依赖他人存在的人，最后只会对自己感到失望罢了。这世上最值得相信的人，只有自己。永远都要不断投资自己，为了自己的梦想，好好努力吧！”

当时，我并没有将人生导师的这番话郑重其事地放在心里。但现在，我醒悟了。在我身为人母且年纪渐长，发现越来越多的人尊敬我、对我怀抱期待之后，我才彻底明白了他那句话的深意。

看着身边一些依靠丈夫而活，为了子女牺牲自己人生的朋友，因为她们的牺牲并没有获得相应的理解，最终她们对很多事情都感到失望，变得抑郁终日，生活得很不开心。对她们的遭遇，我深表同情。当然，我并不是说，大家都应该去拿学位或到外面授课，非成功不可。我想表达的是，每个人都应该有自己的梦想和目标。为了实现那个梦想，就要遵守和自己的约定。更重要的是，要懂得爱自己。

我常对人这么说："像高中时候一样生活吧！这样的话，你看待人生的观点和心态，会有很大的不同。"

高中的时候，我真的觉得自己什么都能做到。一次得读完10个以上的科目，在大考小考不断的日子里，还能认真地运动，甚至苦中作乐，欢欣鼓舞地准备学校的校庆活动。趁着甜美的10分钟课间休息时间，还能看看小说，拾起掉在地上的落叶来写诗。当雪花如鹅毛般满天飞舞之际，还兴奋地跑到屋外打雪仗，那热情是多么单纯啊！

比起那时，现在空闲的时间反而更多，经济条件也更好，但我们却总把忙碌挂在嘴上，一本书也不想看，连去运动也提不起劲；就算是去戏院看电影，也不怎么情愿；看到随风飘落的落叶，只会感叹岁月不饶人，自己又老了一岁；大雪纷飞的时候，总是抱怨路上又因此而塞车。

为什么会变成这样呢？这是因为你没有梦想，不懂得爱自己。想象一下自己还是一个高中生，努力地、认真地去过每一天。以那时候的热情之眼，去看待一切发生的事，那么人生绝对会有所改变。

在我这样调整自己的心态之后，慢慢地，我的生活跟过去有了很大的不同，不但整个人充满了活力，而且想做的事情一件接一件蹦出来。在我如此改变自己的同时，我的周围也发生很多变化。许多认识我的人，在看到了我的变化之后，都开始关心起10分钟的魔法。而他们也通过每天10分钟的实践，得到许多实质上的成果。

我觉得那些只在心里想着要做些什么却没有实际行动的人，或是鼓起勇气去做了，最后却感到厌烦而半途而废的人，应该了解并活用10分钟的魔法，这样他们才不至于继续过着无聊的人生。我现在正为了实现10年后的目标而持续努力。如本书中所教的，我每年都记录对自己而言最重要的10件大事，也为新的一年制订新的10大计划。这样的努力让我的人生变得更有意义，同时也成为一种动力，让我得以继续过着幸福快乐的生活。

当然，活着依旧是一件辛苦的事——不断增加的皱纹和白头发，肉体一天比一天衰老，活力也大不如前。难道我们就只能如此自怨自艾地度过余生吗?

当然不是。没有人不会变老，这是我们所有人都必须经历的人生过程。为此，你能做到的是改变想法，告诉自己，我将因此变得更有魅力，更有智慧，也更专业。同时，也必须培养自己的梦想，为了在10年后实现这个梦想而好好努力。

最后，我要感谢为了这本书的出版，不遗余力地给我鼓励和建议的同事们。我还要向致力于出版好书的 21 世纪出版社金永坤社长、金城洙本部长、柳慧贞组长以及郑志恩、张葆拉，致以最深的谢意。

郑先惠

Beginning 

故事从一篇成功人士的采访说起……

“郑维珍教授，请问是否有什么特别的契机，让您改变了人生观？”

正在进行采访的记者小姜推推脸上的黑色牛角圆框眼镜，开口问道。维珍突然像想起什么似的，嘴角浮起一抹淡淡的微笑。

“当然有啊！我曾经有机会和大学学长再度相见，一起聊了很多。那时，我才从学长那里听到‘时间的魔法’一说。从那之后，真的就产生了很多奇迹，我的人生发生了天翻地覆的改变。因为那些曾经阻碍我前进的问题，已经不再对我造成困扰，而我也能从每天重复单调的日常生活中脱身而出。此外，和其他人的会面，也变成了一件非常愉快的事情。”

“时间的魔法？您的学长是一位什么样的人呢？”

认真聆听的记者小姜，眼睛迸射出光芒。

“他是一位乐观看待人生，生活幸福的人。我们不是偶尔也能感觉到备受他人关爱的吗？我也会有那种感觉，觉得学长虽然不在我身边，但却时时在某个地方默默地守护着我。”

“到目前为止，您给我的感觉是您非常认真地生活着。我也很好奇，您是如何完成那么多常人不可能完成的任务，原来是您有一位卓越的导师。不过，郑教授，我还有一个疑问。”

“请说。”

小姜觉得，维珍的生活和自己总是被时间驱赶的生活，有着巨大的差别。

“听了您这么说，我为每天浑浑噩噩过日子的自己感到惭愧。我每天的生活都是一连串的重复，老是因为截稿日期，开夜车成了家常便饭。进报社超过10年，一直没法获得晋升。回头看看，又觉得过去似乎一点成就也没有，对人际关系也厌烦透了。或许是因为神经太过紧张的关系，我还得了慢性肠胃病，真不是普通的辛苦。”

维珍一面听小姜发牢骚，一面不停地点头。

“大部分的人也都差不多是这样的。这并非由于姜先生您身为男性，也不是因为能力不足，而是时间的魔法所造成的。时间总是发挥着超强的魔力，让我们的生活变得单调，让日子变得很烦躁。于是有一天当我们突然振作起精神时，就会发现我们已经在不知不觉中送走了青春年华。

于是又开始不断地后悔，不断地回忆过往。看看我们的四周，有许许多多的人都陷入时间的魔法中不可自拔，一天一天过着毫无意义的生活。”

维珍的话，让小姜一脸错愕。

“想一想，好像真是如此。单调无聊的每一天，不知不觉中已经从我记忆里抹杀掉的那些过往。这些都是因为时间对我下的魔法？我从来都没想过这个问题。那么您是否知道克服时间魔法的方法呢？”

听了小姜的询问，维珍点点头。

“可以算知道吧。就像刚才告诉你的一样，我常常把和学长对话所得到的领悟放在心里，那都是一些能够活用的方法。也是因为活用了书中所说的 10 分钟的魔法，让我能一边教养幼儿，一边上班、创业，最重要的是让我能实现多年的梦想——重返学校甚至取得了博士学位，这些事还是在我过了 30 岁之后才开始的呢！”

维珍的回答，让人感受到一股振奋的力量。

“真了不起！或许您的学长所说的活用时间魔法的方法，也能解决我的问题呢。今天能见到教授您，似乎也能让我从艰辛的人生中找到一丝希望。如果您不介意的话，可否对时间的魔法再做更详细的说明？幸好今晚我没什么事情，就算有其他约会，只要教授您愿意多给我一些时间，我也一定会取消约会。请您就当拯救一个生活艰苦的后辈小子，再多告诉我一些，我会非常感激您的。”

小姜露出可怜兮兮的表情望着维珍。

“好啊，没问题！换作是我学长，也一定会爽快答应你，因为他总是不失悠闲地享受和他人对话的乐趣。对了，那位学长在这种时候常常会说：‘能得到多少幸福，不是我能决定的。但能付出多少幸福，却随我高兴。’不论何时，学长总是大力鼓吹付出爱心的快乐。坦白说，我从他那里得到很多。而这次，似乎轮到我来付出了。正好今晚我也没什么特别的事，难得提起学长，让我也忍不住回忆起那段岁月。”

“啊，真的太感激您了！我要连那位学长的故事也一起记在笔记里。”

小姜笑逐颜开，赶紧将采访手册翻到新的一页。

“好，没问题！下面我要说的不是我的故事，而是学长的故事，突然觉得好紧张。那是10余年前的事情了。那时我刚通过了一家大企业对新晋人员特别录用考试。随后，那家企业在京畿道一家度假饭店举行了为期一周的新晋人员训练营，我去参加时碰到了许久不见的学长。”

维珍凝视着窗外，沉浸在回忆中……

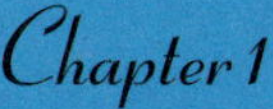

人每天忙碌到底为了什么？

为了摆脱穷忙疲累的生活，维珍四处投简历，原本不抱希望的 S 商社通知她已经通过了初试，但要参加为期一周的最终考核。看到其他优秀应征者，家里没有什么背景、英语成绩也不怎么好的维珍喜忧参半，这时她偶遇了高中的学长，学长提到了什么魔法，让她变得淡定了。

镇海是维珍出生长大的地方，浪花滔滔的蓝色大海，嫩粉色的樱花花瓣四处纷飞，是一个风景秀丽，充满希望的都市。

维珍的童年，算是她的人生中相对较幸福的时期。她出生在有福之家，备受外祖父的宠爱，过着令人羡慕的生活。然而，当外祖父去世、父亲经商失败后，黑暗的阴影也逐渐笼罩在维珍的家庭。

疲累而穷忙的日子

维珍的父亲自从在国内失去立足之地后，便逃避似的和亲戚们一起前往澳大利亚寻找新的事业。留在韩国和母亲一起生活的维珍，艰难地度过了一段刻苦学习的高中生涯。维珍好不容易才考进地方大学，主修时装设计，之后在朋友的帮助下，维珍顺利毕业，但她却不想继续待在韩国生活。于是，她便和母亲一起前往父亲所在的澳大利亚，试图寻求全新的人生。然而到了满怀希望飞奔而来的澳大利亚没多久，维珍便发现那里和期待中有很大的落差。

父亲并没有在那里站稳脚跟，维珍必须协助维持家人生计，但她能选择的工作并不多。移民者所能做的，无非是打扫或焊接之类的工作。想要做一些与自己专业对口的工作，英语水平必须要达到能和当地人顺畅交流的程度，维珍对此却一点自信也没有。最后，她在一心想找个好工作的信念下，拎着皮箱独自回到了韩国。

青春施加给人生的真正压力并非是那些为找工作需要积累的学分，
而是看不到未来所感受到的不安感，因为看不清，所以感到不安和恐惧。

然而，即使是在语言沟通无障碍的祖国，一切也不是那么容易。刚开始，维珍先在有线电视台担任民意调查的兼职人员。一个偶然的机缘，她得到导播的青睐，开始从事主持工作。但是太多的演出，让维珍身心俱疲，为了拍摄曾经还遭遇车祸住过院。再加上演出费微薄，不要说给远在澳大利亚的父母汇点零用钱了，光是自己所住的套房房租和生活费……林林总总加起来，自己一个人都不够用。

就这样过了几年，其间也传来朋友们陆续结婚的消息。每当听到好朋友和家境不错的男人结婚的消息，维珍总是莫名地觉得自己一身落魄。她心想：如果自己也能嫁个好丈夫，那该有多好啊！于是，她下定决心，无论如何都要摆脱现在这种辛苦的生活。人们都很羡慕维珍能装扮入时出现在电视上，然而实际上，面对看不到未来的现实生活，她总感到疲惫不堪，常常人后落泪。

意外通过知名企业的面试去培训

有一天，有一个意想不到的好运突然降临到维珍身上。就在维珍忙于到数家公司面试之际，她原本不抱希望的 S 商社，突然通知她已经通过了新晋人员特别录用的甄试。公司最终的考核是她必须参加为期一周的培训，公司的领导借此评价每个应征者的业务能力，并以此结果为依据，选拔最终合格者。

不管怎样，光是能在激烈竞争中脱颖而出，堂堂正正地通过考试就足以让维珍高兴得快要飞上天了，没想到，竟然还能参加新晋人员的培训！大学期间，维珍从事的是都是兼职工作，从来没有参加过员工培训，现在能击败众多的竞争者，得到新人培训的机会，这让维珍又激动又兴奋。

维珍就像刚进大学的新生一样，内心满怀雀跃，开始想象起举办新晋人员培训的京畿道那家度假饭店了。

维珍在度假饭店的入口处找到人事小组的负责人，办理报到手续，取得的登记号码为10号。这个号码将在这次培训期间，代替维珍的名字。不知道为什么，维珍对这个数字感觉很好，相信这个自己喜欢的数字10号，将会给自己带来好运。

报到的时候，维珍偶然瞥见人事小组负责人翻开的活页夹。毕业于名门大学、优异的英文成绩、丰富多彩的经历，写得密密麻麻的应征者现况表，在维珍视野中不断扩大。

果然，大公司还是只选拔优秀的人才啊！我的运气是不是就到此为止了呢？

维珍突然对自己的落魄感到沮丧，相较之下，才发现自己的经历从各方面来看，都差人一截。她勉强镇定忐忑的心情，走向培训新晋人员的大教室。放眼望去，教室里已经挤满了通过第一道关卡的40名备选新晋人员。

在简单的入住欢迎仪式后，主持人介绍了将一同与受训人员度过这一周的讲师们。接着培训负责人开始进行此次培训的教育训练，并公布将通过所有课程，以各种方式评价参加者，直到最后一天才决定最终合格的20名人员。这话一说完，教室里的受训人员开始骚动起来。维珍也同样感到紧张害怕。看到受训人员不安的表情，负责人马上开始安抚众人。

负责人转述了管理高层的意思，这次培训的目的是希望有越来越多的年轻人注意到S公司，同时也希望公司的人事部门不被应征者提交的书面履历迷惑，能直接选拔出具有创意的人才，以适应这个多样化的新媒体时代的需要。负责人也没忘记安慰大家，对于落选的人，公司将随着今后的发展前景，若有追加征选的机会，会优先录用。或许还会有后续机会这句话，让包括维珍在内的受训人员脸上的表情都或多或少舒缓了下来。今天上午的培训，就在课程介绍和分配房间中结束了。

分配完房间后就到了午餐时间。维珍和这些初识的人相互打完招呼之后，就在尴尬中吃完了午餐。不知道是因为觉得这些人全都是自己的竞争者，还是因为害羞，大家都没什么话可讲。加上维珍的个性并不主动，也就不想先开口说话。

偶遇学长

吃完这顿不太舒服的午餐，维珍有气无力地往外走，突然间，她睁大了眼睛。一开始她还以为自己眼花了，再仔细一瞧才终于确认。那不是J学长吗？一副职场精英模样，坐在咖啡厅里，悠闲地看着书。

大概是太久没见到学长了，维珍很兴奋，回到韩国这么久，好

像从来没有这么高兴过吧。

竟然会在这里遇见学长!

维珍小心翼翼地走向J所坐的桌子。

"学长?"

J抬起头来，睁大眼睛看着维珍，似乎一下子没认出是谁。

"学长！我是维珍啦！郑维珍！"

J终于认出站在眼前的人是高中广播社团的学妹维珍，J不禁高兴地笑了起来。

"广播社团的维珍？啊，没错。我想起你的声音了。竟然会在这里碰到你，真是没想到！"

维珍也很开心地回应。

"我也是！学长，这大概是缘分吧。自从广播社团校友会之后，这都几年没见了？你过得还好吗？那次你说要去留学，后来就一点消息也没有。"

"3年前，我才从美国回来，日子过得可真快！你怎么会来这里？是来出差吗？"

"啊，我这次作为S企业的备选新晋人员，来这里培训的。"

"喔，这样吗？恭喜你！真不错！"

听到学长的道贺，维珍摇了摇头。

"只是备选，还不是正式职员，还有最后一关要过呢。而且，我家里又没有什么背景，英语成绩也不怎么好。比起其他应征者，可以说差距不是一般大。坦白说，我对终审通过不抱什么期望。"

"哈哈！以前的你总是满怀信心，没想到过了几年，你变了很多。是遇到了什么事？"

J看着维珍呵呵地笑起来。

"不是变了，只不过是现在才有了一点自觉啦！学长，我可以像以前一样不拘小节地跟您说话吗？"

"当然！我也觉得那样讲话比较自在。虽然我不知道你们这次新晋人员培训会怎么进行，但这家公司会有如此规划，已经算是跳脱我们所熟知的那种只选择会读书的人的模式，不然他们完全可以直接按照原来传统的方式录用。如今是个多元化的时代，只要你能善用在生活中所得到的经验和教训，一定会有机会的。所以没必要从一开始就感到气馁，如果是我，反而会享受这种情况。"

"怎么可能享受？学长，你是不知道情况才会这么说。现在这里充满杀伐之气呢。刚才吃午餐的时候，我都不知道饭是吃到嘴里，还是吃到鼻子里去了。"

J看着维珍黯淡下去的表情，点了点头。

"如果你把这当成竞争，当然会觉得压力很大。你要懂得享受这种竞争，因为竞争也是一种经验，是让我们能真正认真的时刻。即使输了，也能在这次竞争中得到有助于我们成功的莫大教诲。"

“教诲？”

“是啊！所以我才会特意去享受竞争。要想好好享受竞争的话……嗯，说来话长，以后有机会，再仔细说给你听。现在还是先从结论开始讲起吧。就算这次培训你没有进入最终合格者名单，但你收获了人生中最重要的经验。对于年轻人来说，最大的礼物就是收获从失败中成长、蜕变得更成熟的勇气。你这个年纪，还是必须承受一些失败！所以不要害怕失败，这次培训尽力而为就行。”

“不管是过去还是现在，学长你总是这么积极。好，我知道了！虽然不知道我可不可以做到，但我会照着学长的交代，好好去享受这一过程。”

维珍对于竞争有了全新的认识。

“啊，对了，学长怎么会到这家度假饭店来呢？”

“嗯，这里在举办国际心理工学会，我来参加这个学术会议，今天上午才到，并且这个星期六我还要在会议上演讲。”

“哇，学长直接上台演讲！现在真的成了国际知名人士啊！我也会在这里待到星期六。没想到能在这里遇见学长，真是太巧了。”

听完J的话，维珍觉得非常惊讶，也为能登上世界舞台的J感到骄傲。

维珍和J聊着各自之前的生活，笑开了怀。在听完维珍的故事后，J也说了自己的故事。他谈起拿到硕士学位之后，到大企业上班的生活，想将心理学和工学接轨的梦想，以及出国留学回来以后成为教授的经历，等等。语气如以前一样温暖又慢条斯理。

“学长你真了不起！不过怎么会想把主修方向从工学转到心理学去呢?”

对于维珍的问题，J笑着回答。

“不是改变方向，我只是着眼于人脑的功能无上限罢了，而那也不是针对生物学上的人脑，而是精神分析学上的人脑。我的研究方向就是如何将此与工学接轨，无限扩大我们的学习能力以及效果。”

“哇！原来学长之前一直在研究人的精神世界，再通过工学活用的方法啊！真是太有意思了！”

人生的道路上，重要的不是你的步伐有多快，
而是你走得有多远，最终实现了怎样的梦想！

维珍像是想起什么似的，眼睛亮晶晶地问J。

“那学长，到底人是为什么而活呢?”

J的脸上露出微微的笑意。

“你还是跟以前一样，总是喜欢突然问一些哲学上的问题。人为什么活着，我可以先问你吗?我想听听你的想法。”

维珍回想着过去这段时间里自己的辛苦，开口说道。

“人生真是太无聊了，每天都像小松鼠跑铁圈一样，重复着一成不变的生活。未来在哪里，我根本看不到，所以才想请教身为精神分析专家的学长你啊。”

J羞涩地笑着回答。“什么专家，不要笑我了。事实上，对于人生，大家都很容易那么想，日常生活总是让人感到单调、无聊，这也证明了你是个极端平凡普通的人。”

“这可不是我所期待的答案喔，我还以为会有一些全新的观点呢。而且，平凡普通的人这种形容，虽不是什么坏话，但我听起来怎么觉得不太舒服呢？”维珍失望地嘟囔着。

J还是带着笑容说。

“人们都希望自己能变得特别些，所以听到普通人这样的形容，就会产生一种抵触心理。依我看，你也希望自己能过得比较特别吧。”

“那当然啊！虽然心里总会那么期盼，但问题是无法心想事成。”

维珍嘟起嘴巴。

从学长口中第一次听说“时间的魔法”

“有一个魔法，能让我们拥有一个比较有意义的人生。要不要听听看？”

J 正视维珍的眼睛说。

“魔法？学长是说，真的有一种能让钱从天上哗啦啦掉下来的魔法吗？”

维珍的反应让 J 忍不住哈哈大笑起来。

“看来，在你的想法中，人生最重要的就是钱吧？”

维珍也觉得很庸俗，于是正色地回答。

“不是那个意思！我只是举个例子而已。事实上,有钱才有幸福，没错啊！有钱能让孩子得到更好的教育。当然，健康也很重要。嫁给一个情投意合的好男人，过着幸福的生活，也很重要。”

“看到你，让我也不禁想起了过去。不知道你还记不记得，我总是尽可能想成为一个乐观的人。然而生活本身却未能让人轻易如愿。尤其是为了考上好大学，埋头苦读的高中时期，还有为了和从全国各地而来的优秀学生竞争，努力不输给别人的大学时代，我都非常努力也非常辛苦。不管我怎么想以积极的态度去接受这一切，但除了埋头苦读，似乎别无他法，这样的生活让我感到十分痛苦。

“当时，唯一能安慰我的便是时时守护在我身边的好朋友和早出晚归上下学时夜空的星星。没想到有一天,我看了一部电影,突然间，我的脑子仿佛被什么东西猛然撞了一下，受到莫大冲击。那一瞬间，可以说，我领悟到了什么是时间的魔法。”

维珍赶紧追问。

“时间的魔法？”

J似乎回忆起一开始领悟到时间魔法的那个瞬间，不自觉地笑容满面。

“没错，时间的魔法，也是今天我想说给你听的故事。只要能正确了解时间的魔法，不管过程多么辛苦，或是自己认为绝对无法完成的事情，都能毫无困难地战胜完成。”

“哇，感觉好像很了不起，真的有那种魔法吗？”

“我领悟的那一刻，也感到非常惊讶。从那之后，这个世界给我的感觉，就大大的不同了。那么，我们先来个约定吧，然后我就告诉你。”

维珍忍不住好奇，急着问。

“什么约定？”

“只要你每天花10分钟的时间听我说话就行，时间不长，没问题吧？”J特别强调10分钟。

维珍笑着大声回答。

“当然没有问题！只不过是10分钟而已嘛，反而是我该感谢学长呢。”

Chapter2

当生活陷入时间的魔法跳不出来

每天在奔赴与学长的 10 分钟约会的路上，维珍思绪纷乱，想起学长口中的“时间的魔法”，这到底是什么呢？自己也似乎无法从时间的魔法中跳脱出来。那么，到底该如何做，才能克服这个情况呢？学长是怎么办到的？维珍太想知道这一切，简直到了难以忍受的地步。

J 开始说起电影的内容。

“我现在要说的是一部很老的电影，名叫《土拨鼠之日》（*Groundhog Day*），是我上大学时看过的一部电影，当时给我相当大的震撼。”

维珍好像想起来了。

“啊，那部电影！男主角是以搞笑著名的人，对不对？我以前好像看过。”

J 笑着接着说。“应该看过吧，这部电影很多人都喜欢，男主角搞笑的演技也是一绝。搞不好电视上也重放过好几次。”

“没错，我能想起这部电影，表示电视上应该播放过。但是这部电影真那么有冲击性吗？你的反应真让我感到意外，我只记得很好笑，连电影情节也记不太清了呢。”

维珍的反应似乎在J预料中，他继续说下去。

“是啊，每当我跟别人提起这部电影，大部分人的反应都跟你差不多，都问我到底哪里特别。但可能是我比较不一样吧，看了这部电影之后，好像有什么撞进心里，深深地撼动了我。当时，我真的想了很多，从那之后，我的人生也有了相当大的改变。”

维珍无法理解J的话，一部搞笑片，看了能有什么震撼？到底那部电影哪里会给人这种感受呢？维珍的好奇心更强烈了。

“会到那种程度吗？学长在那部电影里所感受到的究竟是什么，详细地告诉我吧。”

J平静地接口说。

“好，你还是跟以前一样总是真诚地聆听我说话，这让我觉得很高兴。那么，我们再多说一些电影内容，如何？”

如果每天都是周而复始

“这部电影是从一个有名的播报员到美国某地区采访当地传统活动开始，既然你也看过，应该还记得吧。那天刚好是美国传统纪念日‘土拨鼠日’，以我们的话来说，就是圣烛日。大概每年的2月2日前后，是松鼠的亲戚土拨鼠，也就是Marmot，从冬眠中醒来的日子，所以才称为土拨鼠日。”

“类似我国的惊蛰吧？”

“可以这么说。好，那我先解释一下土拨鼠日的双重意义。这一天是春天开始的日子，一般人都迷信，如果醒过来的土拨鼠被自己的影子吓倒，又缩回洞里去的话，冬天就得再延续 6 周。换句话说，也就是冬天会再重复一次。所以在土拨鼠日这天，有可能因为土拨鼠的魔法，使得冬天再来一次，也可能迎来期待已久的春天。因此春天一到，人们会很高兴土拨鼠做了正确的选择，大肆庆祝，而‘土拨鼠的魔法’就是这部电影的创作动机。”

“真是有趣的纪念日，冬天竟然还能重复，跟我们民间传言只要青蛙跳出来，春天就无条件地到来了，说法不同呢！”

J 面带微笑看着维珍，又继续说。

“男主角菲尔是一个电视台的气象播报员，形象被设定为个性非常自我，凡事冷眼以对。事实上，施展冬天魔法的土拨鼠名字也叫作‘菲尔’，所以这个名字也带有双重的意义。为了采访 2 月 2 日的庆祝活动，菲尔来到宾夕法尼亚州的一个小镇上。他不喜欢这个日子，也不满意一起工作的小组成员。不管怎样，他只想赶紧结束播报，快点回去。然而因为暴雪的关系，小镇对外交通中断，他被困住，不得已只能回到旅馆再住一天。对此，菲尔更是火冒三丈。”

“和我认识的某位导播很像呢！”

维珍不禁想起之前担任播报员时，有个脾气火爆的导播。

J 呵呵笑了起来，又接着说。

“然而问题就从这里开始了。第二天早上一觉醒来，菲尔却发现日期竟然还是 2 月 2 日，跟前一天一样，把他吓了一大跳。更令人惊讶的是，隔一天、再隔一天，也依然是 2 月 2 日。也就是说，他陷入不停重复 2 月 2 日的魔法中。就仿佛土拨鼠受惊之后，再度钻入洞里，长长的冬天又再次重复的情况，竟然发生了。”

“啊，我想起来了！是6点吧？每天他都把收音机闹钟定在这个时间，每次都听着相同的歌曲醒来，对吧？”

“没错！每天都重复着同样的日子，如果是你的话会怎么样？”

“这个嘛，我会觉得很有趣吧。可以和朋友玩个痛快，反正明天又会是重复的一天，对于今天所发生的一切，旁边的人全都记不得。”

看着维珍像个孩子似的雀跃模样，J也满脸笑意。

“没错！菲尔一开始也是这样。原本不喜欢的小镇也开始变得有趣起来，因为不管发生什么事情，他都预先知道。这样他不仅可以捉弄朋友，还能任意纠缠女人。”

“看来他玩得很高兴呢！”

“不过，那样的愉快也持续不了多久，无论他的心里想做点什么，到了第二天总会成为泡影，那种人生可就谈不上有趣了。如果是我的话，每天都是重复的一天，或许会疯掉也说不定。”

维珍睁大了眼睛。

“想想还真是那样呢！辛辛苦苦堆积起来的塔，如果倒了，一定会很沮丧。所以，菲尔后来怎么样呢？”

“菲尔一开始对现实感到十分悲观，还曾经试图自杀，但死不了。不管怎么想死，第二天早上又会听着同样的音乐，再度在2月2日醒来，只不过在记忆中留下寻死的恐怖经验罢了，那真是可怕极了。几乎放弃一切希望的菲尔，后来才终于开始注意自己的四周，于是发现了一起共事的导播丽塔的纯真面貌，渐渐地爱上了她。”

“可是到了第二天一切又会成为泡影啊！”

“没错，不管菲尔怎么努力，也无法改变丽塔的心。一天的时间，想得到爱情似乎不够充分。既然如此，菲尔下定决心要开始帮助他人。菲尔领悟到，只有一天可活的人生，如果能让更多的人感到幸福，自己能听到更多人的道谢，这才更有意义。

“于是，他从这个小地方开始一点一点地实践，也开始学习弹钢琴和冰雕。同事们对他的全新面貌都感到吃惊，还问他怎么连这些都学会了。菲尔觉得很快乐，自己在一天之内可以得到表扬的次数越来越多，这些都是过去忙碌之际，连想都不敢想的事情。于是，神奇的事情发生了！”

认不清自己的人，
每一个明天都只是昨日重现。

“是不是他终于从时间的魔法里跳脱出来了？”

“那倒不是，日子还是跟以前一样重复着。只不过，每天早上醒来时，他再也不那么难过了。帮助别人，学习弹钢琴，虽然每天的日常生活一成不变，但随着时间的流逝，在自己的能力不断得到提高和他人的称赞激励中，他却奇妙地感觉十分快乐。”

“哇，他算是懂得了人生的快乐和价值的真谛吧！”

“没错，菲尔终于领悟到，自己过去的人生是多么没有意义。虽然现在的人生只有一天，但每天一点一点投资在自己身上，慢慢地就能做到很多事情。帮助处于困境的人，再从他们感激的微笑中，感受到喜悦和价值。同时他也懂得珍惜身边的人，以及如何去爱别人，菲尔这才发现，这是多么快乐的事。同时菲尔也向自己所爱的女人丽塔一点一滴展现改变后的自己，渴望着有一天能向她告白。”

维珍再度催促J。

“后来呢？后来怎么样了？”

“菲尔和丽塔聊了很多，也终于说出了自己的心意。丽塔看到菲尔在各方面的高深造诣，也看到他做了很多善事，得到众人的爱慕与关心。菲尔在庆典中帅气地边弹钢琴边唱歌，给大家带来真正的快乐，丽塔在旁边全都看到了。虽然这只是一天之内所发生的事情，丽塔却为那样的菲尔感动不已，刮目相看。最后，丽塔终于也爱上菲尔，向菲尔打开了自己的心门。然后……”

“啊！然后菲尔就从时间的魔法里跳脱出来了！”

“嗯，没错！这天菲尔早上睁开眼睛的时候，从窗户望去只见外面被大雪覆盖。他喜出望外,大声高喊着:‘知道今天是什么日子吗?今天就是明天啊！’这话虽然看似理所当然，但对他来说，却真的是一个无比快乐的时刻，时间的魔法终于解除了。”

“哇，爱情的力量真的很伟大吧。”

J笑着说。

“是啊，爱情的力量真的很伟大，连那样的魔法都能战胜。不过，我所感受到的冲击并不是那个。”

“那是什么呢？爱情的力量不就是这部电影的重点吗？”

“不，对我而言，时间的魔法才是重点。因为当我回头看看自己，才发现我也陷入时间的魔法中。”

“学长陷入时间的魔法中？怎么可能！”

受困在时间的魔法里

“看电影的时候，我一直有一种奇怪的感觉，觉得男主角的遭遇似曾相识。看完电影之后，我仔细地想了很久，这部电影究竟传达给我什么样的讯息。当时我回想自己的生活，觉得我也和菲尔一样，每天听着同样的闹钟铃声，在同一个时间醒来。然后每天搭乘同一个路线的公交车去上学，和相同的人见面，再每天搭同样的公交车回家。接着第二天，又是在同样的闹钟铃声里醒来……”

维珍听了一脸惊诧。“啊，这么说也没错呢！只不过是日期变了，实际上简直跟同一天没两样。”

J点点头。

“没错，就是这个意思，我也算是受困在时间的魔法里了。因为每天重复过着相同的生活，结果就跟同一天不断反复差不多。当我察觉，回头反思时，才发现我已经失去了太多的时间。

“就是这样！因为受困在时间的魔法里，才会以为时间像停止了似的单调，毫无意义地送走每一天，而事实上，时间却已经在不知不觉中流逝。因为时间的魔法，我丢失了大把大把的时间，当我领悟到这个事实，突然全身起了鸡皮疙瘩。”

J的眉头轻轻皱了起来。

“同时我也好好地反省起自己过去的生活，我是不是像电影里的男主角一样，不懂得体贴别人？是否做什么事情都太急躁？是否抱悲观的想法，不断抱怨自己的生活和处境？对于自己真的想做的事情，是否只会以没时间为借口，其实是不能鼓起勇气去做？还有，是否对我周围的人一点也不关心，也很无礼？是否因此让我忘了，唯有从人与人之间的相处才能得到爱与希望这些人生的真谛……”

从J真挚的自我剖析中，维珍也不禁回想起自己的过往。

“事实上，对菲尔来说，就算没有日复一日的时间魔法，只要他每天都那么认真地生活，那一切都是他能得到的。这么一想，我的情况也跟学长差不多。每天都过得那么没意义，无聊透了。每次和朋友相比较，就很讨厌自己的处境，尤其是根本没什么事情要做，却总以忙碌为借口，忽略了周围的人。”

维珍一时静默了，想起远在澳大利亚的家人。自己以忙碌为借口，已经好久没有联络过了。

“到最后，我真的不知道自己每一天都是为了什么而活着。不管怎样，至少也得给远在澳大利亚的妈妈打个电话。如果妈妈知道我通过了 S 企业的新晋人员考试，一定会非常高兴的。”

维珍的眼角湿润，隐约闪着泪光。

“这是一定要的。我也跟你一样，最先想到的便是应该多关心一下我周围的人。而且，还要好好地思考，如何才能克服时间的魔法。”

“所以，学长做了些什么事呢？”

维珍正想听听自己最好奇的话题，没想到此时却先听到人事负责人通知下午课程开始的铃声。

“啊，时间到了吗？没想到和学长说说话，时间一下子就过去了。我真的非常想知道该怎么做才能克服时间的魔法，这下怎么办？”

“晚上还有时间啊，而且还有明天。你不是说培训课程晚上 9 点结束吗？我们每天晚上 9 点 10 分，就在现在这个大厅咖啡馆里见面吧！”

“好啊，就这么办！那么从今天晚上开始可以吗？”

“好，如果不想让时间的魔法夺走我们宝贵的今天，就从今天晚上开始！因为对时间魔法的领悟，才造就了今天的我，这是非常珍贵的经验，所以希望我的经验也能对你有所帮助。”

“谢谢你，学长，那我们晚上见！”

维珍急急忙忙和 J 道别，就赶紧朝着下午上课的小教室走去。走向教室的途中，维珍的脑子里挤满了各式各样的想法。时间的魔法！日复一日单调的生活，而且还是被时间驱赶的生活，以及老觉得惋惜的岁月、不停流失的时间。思绪纷乱下，维珍自己也似乎无法从时间的魔法中跳脱出来。

那么，到底该如何做，才能克服这个情况呢？学长是怎么办到的？维珍太想知道这一切，简直到了难以忍受的地步。但，不管怎样，还是按照学长说的，先给远在澳大利亚的妈妈打个电话吧。

维珍的笔记

- 电影《土拨鼠之日》描述一个男人掉进了时间的魔法，同一天不断地重复。但其实我们的人生也是一样，陷进了时间的魔法里，每天一再重复类似的生活。

- 那该如何跳脱时间的魔法呢？

Chapter3

别再留恋融化掉的冰激凌

培训第一天，讲师提问，维珍居然无话可说。尔后因为老想着那个失误，她在后面的团体活动也无法好好表现。正是因为维珍老想着那个失误，太在意他人看法，才会将过去的失误一直放在心上，等于是陷在过去里。听了学长提到的“过去的魔法”后，维珍豁然开朗，知道该如何提高自己的名次。

聚集在小教室里的备选新晋人员们，脸上都露出了一副对培训充满期待的表情，已经稍微认识的受训生们彼此打着招呼，更进一步熟悉对方。

培训合格率只有 50%

第一节课的主题是“公司”，先放映介绍 S 企业的影片，接着说明公司愿景及沿革。讲师自我介绍是公司的常务理事，之后便开始骄傲地说起公司的业绩。

S 企业是一个国际型的大企业，因此公司的愿景也是以“Global Challenge，Global Mind”为主轴，强调其为世界级的贸易企业，接着便介绍企业的核心力量和核心价值。

光是听讲师的介绍，便让维珍十分激动，这些和过去她所从事的各式各样兼职工作，在业务愿景及范畴上，层次是完全不同的。这家企业共有 8 家海外分公司，就连维珍曾经待过的澳大利亚悉尼也开设了一家分公司。

如果能在澳大利亚分公司工作，那就太棒了。

或许是因为刚刚才和妈妈通过话的关系，看到地图上大洋洲地区被鲜明标示出来的悉尼分公司，维珍感到格外兴奋。如果能以 S 企业的职员在父母所在的澳大利亚工作的话，那该有多好啊。听着关于公司各方面的详尽介绍，其他的新晋人员看起来似乎也对这个公司多样化的面貌和愿景，颇为激动。

大约 2 小时的课程结束后，讲师又以意味深长的口吻接着说。

“培训的最后一天会有一场结业考试，内容是关于今天我讲的课程内容。各位还记得自己尚非正式任用的职员吧？据我所知，大概只有 50% 的人能幸运获选，所以希望各位能尽力而为。”

受训生们全都露出惊吓的表情，维珍也一样感到恐慌。这时，一名坐在后面的受训生提出问题。

“请问，是否会发给我们上课的讲义资料？”

“问得好！大部分培训的课程都不会提供讲义数据，所以请集中精神听讲。”

讲师的回答和大家所期待的不同，受训生们都难掩失望。

早知道刚才就该用心做笔记。

维珍也因为陷入在澳大利亚分公司任职的美梦中，上课的内容也记得不是特别清楚。

刚刚才听过的课程，怎么一点也记不起来？

其他受训生这时才赶紧找出笔记本，就算只记得一点点，也尽量写下来。维珍发现，虽然培训才刚开始，大家心里都清楚这次的培训不是那么容易就能混过去。

“不过，我可以先透露考试内容里的一个题目。”

讲师出人意料的话让所有的受训生都惊讶地停下了手上的动作，一致望着讲师。讲师的眼神慢慢地扫过一个又一个的受训生，接着才说出考试的题目。

“或许这会是最后一题，你们可以先记下来。好！最后一题！我们S企业最有价值的是什么？”

受训生开始骚动起来，到底什么是最有价值的呢？

“是抽象性的概念吗？还是像人体之类具体的物质？”

“简直是猜心20！（韩国流行的一种游戏，一个人在心里想好一件东西，旁人可提出20个问题试图接近核心，最后猜出答案。——译者注）很抱歉，没有提示！各位可以在这一周的时间里，好好想想S企业最重视的是什么，然后把所感受到的当作答案写下来，不管是什么样的回答都好。那么，希望你们能享有愉快而有意义的培训。这节课就到此为止。”

热烈的掌声之后，讲师走出了教室。维珍感到心烦意乱，在毫无准备的情况下乍然听到要考试，甚至连最后一题都出来了，而且还是那种完全不知道答案，像是猜谜一样的题目。

这家公司最重视的到底是什么呢?

虽然是休息时间，但包括维珍在内的所有受训生都忙着整理自己的思路，谁也没有离开座位。

被点名发言却无话可说

约 20 分钟的休息时间结束后，紧接着是第一天的最后一堂课，主题是“创意”。讲师布置给大家的课题是“提高公司竞争力的创意”，要求受训生就这个课题，把能想到的创意都说出来。

坐在最前面一排的维珍最先被点名发言，但脑子里却一片空白。维珍什么话都说不出来，只能红着脸站了好一阵子。接下来被叫起来发言的其他几个受训生，可能趁着之前的时间想过的关系，多少都能提出一两个创意。

维珍虽然觉得自己很冤枉，但也无可奈何。

讲师似乎已经预料到这一切，开始讲述人们思考的界限。

“不容易回答吧？这就代表各位的经验还不够充分。想要了解一个人，只通过对话，就能知道。如果是专家的话，通过几个问题，就能大致掌握这个人的一切。所以我才觉得有必要加重面试的分数比率。”

维珍还是很委屈，觉得讲师讲的就是自己。她不禁懊恼，刚才应该更加沉着回答才对。对于自己无法给讲师留下良好的第一印象，维珍觉得很丢脸，更加觉得自己很失败。

“好，那么从现在开始，我们就来看看各位的潜能。”

讲师把所有的受训生分为 4 个小组，分配了位置，于是所谓“脑力风暴”的创意大会开始。讲师也接着说明，何谓脑力风暴。

“脑力风暴，原本是广告公司为了激发创意而进行的一场脑力活动。当一个人独自为创意烦恼时，不管是谁都会受困于过去的经验范畴，所能提出的创意极为有限。一般来说，经验丰富的人，创意的幅度会比较宽广，反之，经验少的人则连提出创意本身都很困难。而脑力风暴这种集体构思，便能有效地打破个人过去经验的藩篱，产生新的思路。

“一旦脑中开始自由发挥，就算与主题一点直接的关系也没有，但只要这些构思一点一滴不断地被引导出来，就能打破彼此之间记忆的框架，激发出先前完全想象不到的创意。换句话说，脑力风暴是克服个人经验框架限制的一种非常有用的方法。”

为了更有效地进行脑力风暴，讲师提出下列几项原则。

- 绝对不可以诋毁他人的创意。

  (因为会阻碍自由发挥的思路。)

- 不要总是想着将想法整理好了才说出来。

  (想到什么就无条件说出来，不用管什么顺序。)

- 可以尽情利用他人的想法。

  (这就是破除个人过去思考框架的钥匙。)

维珍一开始虽然有点紧张，但听了其他受训生的许多创意点子之后，也逐渐开始有了勇气，不过她仍旧很难放得开。尤其是一开始有了一个失败的经验后，因为满怀委屈，简直不敢正视周围的人。不管怎样，各式各样的创意纷纷涌出，稍加分类整理之后，还是有一些很有用的内容。受训生全都对自己所激发出来的想法赞叹不已，维珍也对自己能跳脱之前的思维框架，感到十分讶异。

哇，所谓过去的框架原来这么可怕，只要有方法可以跳脱，竟然就能激发出这么多的创意，真是令人吃惊！

各组分别提交的资料，到了课程即将结束之际，全都整齐地贴在墙壁上。讲师根据各组的资料，开始做出简单的评论和计分。按照评价内容，B 组成绩最优秀，C 组第二，维珍所属的 A 组和另一组只得到做得不错的嘉奖。

结束了第一天课程，受训生们聚集到餐厅里，互相谈论着这一天所发生的事情，一起共进晚餐。与中午尴尬的午餐不同，整个气氛变得融洽许多。即使没有人特意指使，下午分组讨论时的组员们很自然地就凑在一起，彼此寒暄。

这时，人事负责人在餐厅里公布了一项公告。受训生的分数每天都会更新，每个人可以到教室前面的计算机室查询确认，以此激励自我。吃完晚餐的人都纷纷走向计算机室去确认自己的成绩。维珍虽然也很好奇，但还是等到计算机室人少一点的时候才过去。

如果你将获得颁奖礼上的一个奖项，
那么你是愿意获得新人奖呢，
还是最佳男女主角奖呢？
记住，奥斯卡没有最佳新人奖。

带着颤抖的心情来到计算机室的维珍，看到自己的分数后，难掩失望。这一天最高的分数为 55 分，维珍的分数只有 30 分，全体排名第 38 名。同时旁边还写着“请加油”的评语。看到这个评语，维珍的脸一下子红了起来。为了不被后面的人看到，她赶紧关了窗口，从椅子上站起来。

维珍好好地检讨起自己今天为何会得到这么低的分数，她想问题应该出在上课中不时出现的问答，以及下午分组讨论的脑力风暴过程。至今，她纷乱的心情仍旧无法平复。事实上，今天上课时自己确实不够专心；再者，上课时间里，自己也没有提出任何问题。在下午的创意课程中，也没能好好回答讲师的提问，只是犹豫地站在那里。加上小组成绩也不尽理想，最后当然只能得到一个低分。维珍觉得这是必然的结果。

郁郁不乐的维珍原本要回宿舍，突然想起和学长的约定，便拖着沉重的脚步向大厅的咖啡馆走去。J 学长还没来，维珍拿出公司发的笔记本，回想今天所学到的内容，开始写下摘要。

过去的魔法与记忆

“在整理今天学的东西啊，今天做了些什么呢？”

J 终于出现了。

“喔，学长来了啊！今天是第一天，听了有关公司的介绍。第二节课则是对创意的讨论。讲师告诉我们，过去的想法会成为框架，限制我们的思考，也介绍了一些例子。还学到如何通过脑力风暴的方法，借由他人的帮助，克服思考局限，得到新的领悟。”

“这样啊，真是不错的经验。听了你的说明，可以归纳出今天课程的重点在于‘跳脱过去经验所造成的思维定势，让自己的想法更有弹性，也能从他人的想法中获得灵感’。”

“没错！学长竟然只听了我的几句话，就能简单地归纳出来，真是太厉害了！唉，可是我还是觉得很郁闷，今天一整天，我的培训成绩几乎是倒数的。我本来可以做得更好，实在太可惜，太遗憾了。”

维珍的表情一下子黯淡下来。J轻轻地拍拍维珍的肩头，安慰她说。

“你还记得刚才中午的时候，我所说过的话吗？公司会把不需要公开的分数告诉你们，可能是想给成绩落后的受训生们一个挽回的机会。虽然今天你的成绩不佳，但你已经自我反省过。并且你为了分析自己落后于人的原因，才拿出笔记本来的，不是吗？对年轻人来说，这些就是最宝贵的经验，也成为追上并超越别人的一个契机。”

“话说回来，我今天也太缺乏警觉性了，所以看到自己的分数那么低，才会感到惊慌。”

“不要害怕失败，尤其是年轻时候的失败，因为这些失败的经历将会告诉你现在所走的这条路的问题出在哪里，也会告诉你将来该走哪条路。现在再接着继续我们约好要说的故事，如何？我们不是说好，要讲有关克服时间魔法的方法吗？”

“是的，学长！我非常期待呢！”

维珍马上挪过来坐好，翻开笔记本。

“今天你在培训课程中领悟到了很多，其中也有许多后悔之处，所以在理解时间的魔法之前，我们先说说过去的魔法吧。”

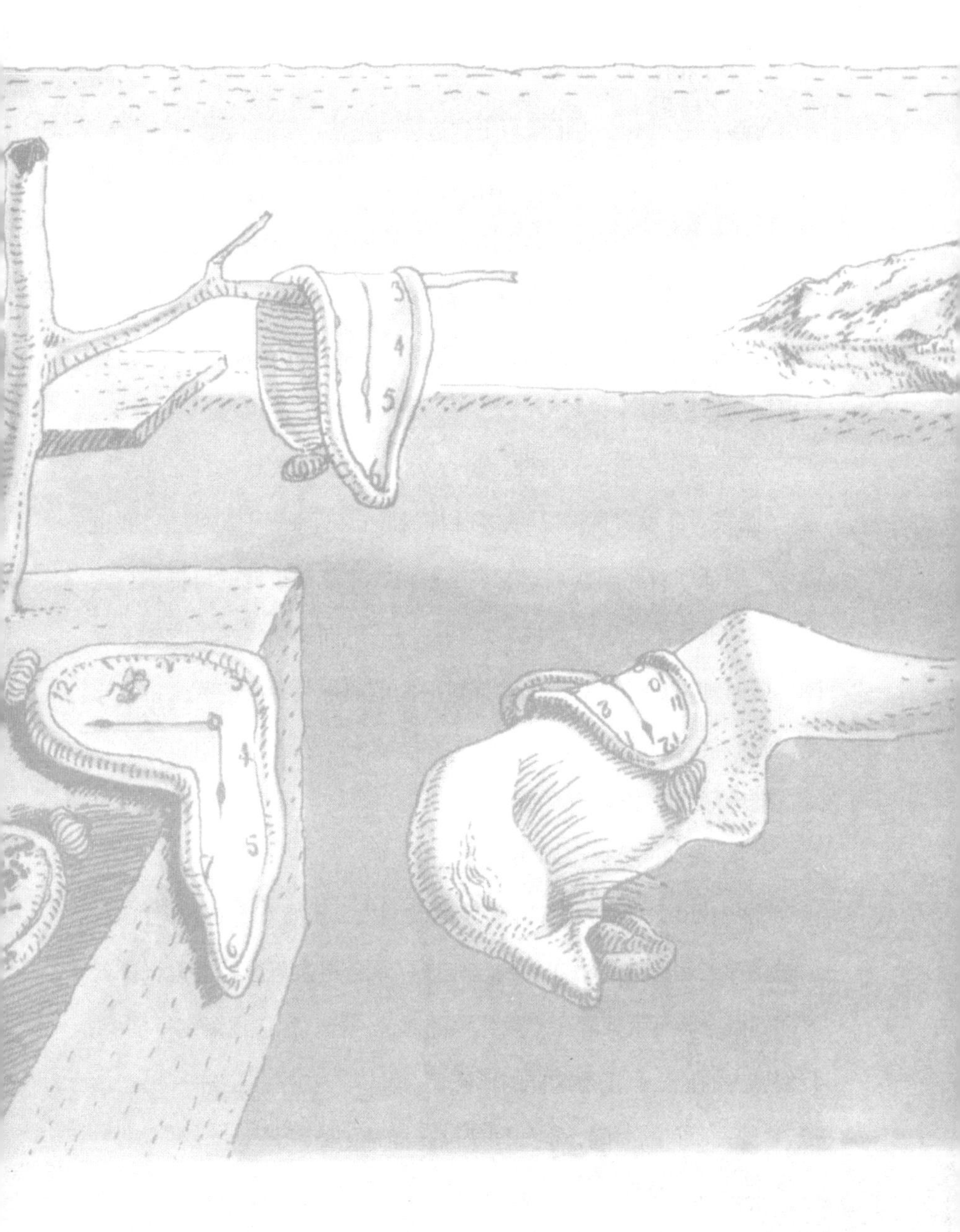

“过去的魔法？”

维珍在笔记本上端正地写下“过去的魔法”5个字。

“我随身携带着一张图，给你看看。”

J把自己随身携带的日记本内页上所贴的图，拿给维珍看。

“啊，这是超现实主义画家达利的画作，对吧？”

“没错！正是达利的《记忆的延续》(*The Persistence of Memory*)这张画作。”

“这张画作中拉长的时钟，是否就代表我们记忆中的样子呢？”

“画家对此没有直接说明，所以很难知道画家真正的意图。我也尚未发现任何对此画作正式发表的解说，只能通过他的自传确认画家对时间的反感。也就是说，达利对总是以同样动作标示时间流逝的机械时钟很反感！对于喜欢探讨时间的概念及绘画的我来说，这是一张非常有趣的素材，也是传达给我某种特殊讯息的画作。”

维珍仔细观察这张画之后问。

“对学长来说，这张画代表什么意义呢？”

“画中好几个时钟都停在特定的时间上，散置在各处拉得很长，像融化掉的起司。我每次看到这张图，就会再次思考我们记忆中对时间的概念。可就如同烂糊融化掉的时钟一样，记忆逐渐变得模糊。我们过去的记忆，正是这样的形态。”

“过去所有的时间，也如同奶酪一样融化掉了。”

J 的脸上带着微笑。

“就是啊！我们曾经拥有过的，不管是快乐幸福的时刻，还是悲伤的时刻，都各自散落在我们的记忆中，逐渐融化掉了。因此，就算过去自己有多了不起，现在看来，也像这张画作一般，变得毫无意义了。”

“这么说的话，难道过去就一点也不重要吗？”

J 摇了摇头。

“不是说过去不重要，我们从过去学会了很多事情，我们能有今天的成就，是累积了过去的努力和经验才得来的。但我想强调的是，过去的一切只会像图画里的时钟一般，融化后被遗忘掉，重要的是现在以及今后的未来。”

“学长的意思是不要太过执著于过去，对吧？可是，我啊，反而很多时候因为记不清过去的事情，记不住那段幸福的时光而感到可惜呢！所以我就暗自下决心，等将来我结婚，生了孩子后，我一定要将孩子的每天都用 DV 拍下来，让孩子将来也不会忘记自己过去的样子。”

“这对孩子来说，真的是一件很好的礼物呢！就像你所说的一样，有些我们想要永志不忘的过去，却总是想不起来。反倒是很多我们不想记得的事情，却总留在记忆中。有时候我们看连续剧，有些剧情能吸引我们的注意，还引起热烈讨论。但结尾主角来一句‘原来是梦一场’，美梦就此醒来，我们常常接受不了这种反差。”

“对，碰到那种情况，真的会吐血！本来真心希望主角能有好的结局才一直看下去，结果不过是梦一场。编剧真是太不负责任了，不是吗？根本就漠视观众的心情，真叫人生气。”

维珍一脸埋怨。

“说的也是，我也不喜欢那种剧情。不过我想说的是，我们的人生确实只不过像一场梦。”

“学长说的是什么意思啊？”

对J所说的话，维珍歪着头不解地问。

“举个例子来说，如果我像连续剧的主角一样，轰轰烈烈爱上一个人，最后有个圆满的结局。假设接下来，我和对方组成一个家庭，有了孩子，开始经营家庭生活。”

“那不是就很幸福了吗？”

“当然是啊，很好的结局。但我觉得，就算不是那么戏剧性的爱情，两个人平凡地相遇、恋爱、结婚、生孩子的话，那又会有什么不同呢？”

“这个嘛，那不就没什么好比较的了？”

“所以说，重要的是现在。再怎么美好的爱情，假如全都只能回忆，那么随着时间流逝，再美好的记忆也会逐渐消失。再假如之前两人结婚是不受祝福，但只要现在过得快乐的话，那么从现在开始的人生，就比结婚时受到众人羡慕，后来却生活得很痛苦的人生，要幸福得多了。所以对我们来说，所谓的人生，未来所要过的生活更为重要。

“不要再寻找过去甜蜜的冰激凌，因为已经在我们的记忆中融化殆尽。这是我诠释达利的画作时，总喜欢说的话。过去，不过就是‘南柯一梦’罢了。”

维珍想起了周围朋友们现在的样子。

没有舍不掉的舒适，
只有放不下的顾虑。

“啊，也可以这么认为呢，过去的回忆就像融化掉的冰激凌一般！可是，美好的爱情回忆也很重要，不是吗？坦白说，当初觉得自己嫁了个好丈夫的朋友，现今她们当中有不少人已经离婚了。相反地，经过媒人介绍，从来没谈过恋爱就结婚的朋友，现在反而过得很甜蜜。我有个单身的朋友是时装设计师，事业开展得很好，别的朋友都羡慕死她了。”

“那你呢？如果要你在过去美好的回忆和现在幸福的生活两者当中择一的话，你要选哪一个？”

“那当然是幸福的现在喽！不管过去再怎么绚烂，又有什么用，过去都过去了。”

“正是如此！谁都会这么选择的。既然这样，你又为什么无法在现实中认知到这一点呢？这跟我刚才所提出的结婚时是否浪漫的例子，其实是相同的问题。”

“听学长这么说，我就能理解了。事实上，之前我也时常回想起过去的自己，也曾后悔过很多事情。但现在想想，有那个时间，还

不如好好思考该怎么让自己的现在和未来过得更好。”

“呵呵，那你现在稍微了解了吧？好好记住达利的这幅画，这些变形拉长的时钟，有可能是你绚烂的过去，也可能是你悲伤的过往。不管怎么样，都已经逐渐在记忆中融化掉了。”

“其实从我回到韩国以后，一直避免和朋友们见面，只知道窝在连个站的地方都没有的窄小套房里，而且还一天到晚担心交不了房租，随时将行李提前捆好。

“我时常羡慕结了婚之后，过着幸福生活的朋友们，总觉得大家似乎都过得比我好。看到自己变得和以前不一样，一副落魄的样子，我生怕会被朋友们同情，所以就连回到韩国都不敢通知她们。但今天听了学长的话之后，我发现自己不仅被困在过去的藩篱中，甚至连现在的幸福也一起埋葬掉了。”

“大多数人光是应付自己的生活，就感到很吃力。那是因为无法活用自己手中的时间。很多人都被束缚在时间的魔法里，如此很难有余力去关心别人。读书的时候老爱管别人闲事的朋友们，现在如果再见到他们，他们八成都困在自己的生活中，苦苦地挣扎呢。”

“说的也是！我偶然听到几个朋友的消息，就如学长所说的一样，都过着忙碌的生活。为什么我会觉得朋友会可怜我，瞧不起我呢？之前我总是躲起来不跟他人联络，现在想想，真是可惜。我在烦恼未来人生的同时，就算接受朋友们的帮助，也还是不够的啊。结果我反而自己陷在过去的藩篱中，作茧自缚。”

维珍露出十分惋惜的表情。事实上，从澳大利亚回来以后，因为自己故意不和朋友联络，使得自己难以从事与时尚或服装领域相关的本专业工作，无奈之下才会去做外景主持人。为了建立新的人脉，也确实走过了一段辛苦的日子。说到这，维珍又想起今天培训课程的内容。

“那么一来，其实今天培训的主题也是‘跳脱过去的框架’呢！我们在不自觉的情况下，已经被过去的框架束缚，我们的思考范围也因此受到限制。从某个角度看，我们也算是陷进了过去的魔法中。”

有一种成就，
叫做被自己认同。

“没错，说得很好！过去的记忆真的很新奇，似乎不太记得的事情，却是左右我们经验的主轴，给我们的思考和行动带来诸多限制。所谓过去的经验，就像一种本能一样，总是决定了我们思考和行动的范畴。好，让我们整理一下，过去的魔法所产生的不良影响。”

“过去灿烂、年轻的模样，会对现在的我造成困扰。过去的经验，会局限我们思考的范围，也会混淆我们的判断。所以，就如同我们刚才所讲的一样，不要过于局限于自己过去的样子，也不要太在意自己现在的样子有多么糟糕，快点忘掉过去的失误才是正道。

“对我来说，明天虽然是未来，但睡了一个晚上醒来之后，现在成为过去，所谓的明天这个未来，成为现在。无论何时，最重要的都是‘现在’这一瞬间。快点从过去的魔法中跳脱出来,才是重要的。时间的魔法将所有的一切在瞬间变成了过去，认清这一点，就是克服时间的魔法并加以利用最重要的第一步。”

“学长说得真好！真是太感激你了！坦白说，今天上课的时候，我回答不上来培训老师的问题。尔后因为老想着那个失误，让我在后面的团体活动也无法好好表现。看起来，应该是我太在意他人看法的个性所致，才会将过去的失误一直放在心上，等于是陷在过去里。听了学长的话之后，我顿时豁然开朗，知道该如何做，才能从过去的魔法中醒悟过来。”

“你可以想象一下，10 年没见的好朋友再度相逢，会是什么样的心情？”

“如果是昨天的我，一定会感到害怕，不想让好朋友看到变化那么大的自己。”

“会那样吧！不久前，一位好久没有联络的学长也对我说过这样的话。怕我看了他现在的样子会感到失望，所以不想和我见面。跟你的反应差不多。”

“但现在我的想法不同了，我想和她们见面。就如同我有所改变一样，她们一定也变了。真不知道为什么之前我会那么害怕让别人看到我的变化，从现在开始，我要大大方方地让别人看到改变之后的我。”

“没错！没错！就是需要有那样的心态。我们举个例子吧！假设，过了10年，本来和朋友约好见面，却因为不想让对方看到自己变老的样子，就避而不见。于是，又过了10年，终于和那位朋友见面了，那时的样子一定又比10年前更老了吧。咬牙看着自己这时的模样，反而后悔没在10年前和朋友见面了，是不是？

“比起10年前的我，现在的我老了很多。但比起10年后的我，却反而年轻多了。与其怀念过去的我，不如多想想未来会怀念的现在的我。好好记住这句话。”

维珍快速地把J的话一句句都记在笔记本里。

“学长刚才说的话，真让我茅塞顿开。不管怎样，这次谈话，让我收获颇丰，对于过去紧抓不放的坏习惯，也让我有了很多领悟。过去的魔法和必须持有的心态这两点真是太有价值了。”

“对于我说的话，你这么专注地倾听、真心地接受，并能产生共鸣，反而让我觉得很感动，也很欣慰！”

“听了学长今天告诉我的话，我真的不想让过去成为冰激凌，我一定会把这些话铭记在心。以前学长也说了很多有意义的话，可是真抱歉，现在我一句都想不起来。感觉就像你说的一样，全都融化掉了，连痕迹都没有留下来。”

“生活在时间魔法里的我们确实就是这样！现在的记忆，甚至转身而去的瞬间，马上会汇入时间的大河中。就连刚刚才听过的话，也有记不起来的时候，马上就融入回忆中消失不见，这就是我们的处境。”

“真的很奇怪！听的时候，不停地点头；转过身去，就怎么也想不起来了。就像今天的培训，2 个小时当中，我也很用心地在听。可是下课后，脑子里却是一片空白，这真的很可怕。今天学长给我看的达利那张画，就不时在我脑海里出现。”

维珍用手指头敲敲自己的头，这个动作让 J 哈哈大笑。

“遗憾的是，我也一样呢！甚至刚才才说过的话，有时我也记不得，明明才刚从我脑子里经过。基于此，很多作家都是采取所谓‘意识流’（Stream of Consciousness）这种心理学上的方法来写作。

“我一开始也不明白那是什么意思，但后来，乍然间才发现自己在最舒适，最自由自在的情况下，脑子里会自然而然浮现出许许多多的点子。就拿意识流来说吧，根据意识流所创造出的故事，真是奇妙又多姿多彩。

“平常在那种创意骤然浮现的舒适时候，我身边常缺少可记录下来的东西。譬如说在卧室里沉浸在冥想中，或者早上刚睡醒回神的时候。然而，当我想着‘啊！真是好点子’，从床上一跃而起，想找便条纸记下来的时候，已经太迟了。转眼间，想好的点子几乎忘了大半，随着时间的流逝，记忆变得逐渐稀薄，终至消逝。

“也就是说，通过意识流所浮现出来的许多创意，也会流入时间的遗忘之河中消失不见。因此，如果不把那些创意马上移到便条纸之类的容器里存放的话，我所想出来的这些新奇创意就会全部慢慢消失殆尽。

“所以，不知道从什么时候开始，我就养成了把便条纸带在身上的习惯。不管是去卧室也好，还是开车或睡觉的时候，我都会把便条纸放在旁边。刚碰到你时，我也说过我对笔记的执着吧。不然，我老婆也不会在结婚纪念日，买了方便携带的万宝龙袖珍笔和笔记本当成礼物送我。

“对我来说，笔记的重要性是无可比拟的。所以看到你那么认真做笔记的样子，我觉得很欣慰。想想，你似乎以前就很认真地听我讲话。能如此认真倾听，可以说是一种非常好的对话姿态。我对认真听我说话的人，都非常感激。因为，我那些随时会坠落到时间的流水中的记忆，能借由告诉他人的机会而再度释放出来，也让我有机会在脑中留下更深刻的印象。

“再者，像你这样能认真记录我的话的人，也等于是代替我，将我的记忆和经验，一点一滴记录在我刚才所说的类似便条纸之类的容器上，还能长久保存。”

维珍正在记笔记的手停了下来，脸上浮起笑容。

“啊，还真是这样呢！那从现在起，我要更认真做笔记了。如果我想正面挑战过去的魔法的话，我要马上去买小便条纸，像学长一样随时带在身上。”

“哈哈，很好的想法！说了这么多，没想到时间一下子就过了30分钟呢！今天是第一天，就先讲到这里。今天的重点是如何战胜过去的魔法，所以从明天开始，我们就正式说说影响我们现在和未来的时间魔法，如何？”

“好！不过，学长，其实今天培训的时候，讲师告诉我们最后一天要考的一道题目。”

“题目？是什么？”

“要我们说说S企业最有价值的是什么，学长你知道吗？”

“这个嘛，如果我是神的话，搞不好会知道。”

“对喔，学长又不是无所不知的神！不管怎样，讲师叫我们要思考这个题目，可是我到现在也一点概念都没有。”

“是吗？那我也帮忙想想好了，反正还有时间。如果我是负责培训的主管，我会出一道只要认真听讲，自然就会领悟到答案的题目。既然是考公司经营的哲学，应该是想选拔出能掌握那方面能力的新晋人员吧？无论如何，今天才是第一天，回去好好休息，明天带着

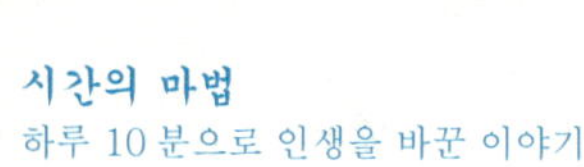

愉快的心情再见！”

“好，学长晚安，好好休息！”

听完了 J 关于过去的魔法这番话之后，维珍也似乎领悟到了许多东西。像为什么过去生活得十分辛苦，深究之下，都是因为维珍把自己困在过去的框架中所致。

嗯，从明天开始就会有一个不同的我，我再也不会寻找过去的冰激凌了，那都是一些已经消失无踪的过往。

培训营的第一天，就在逐渐深沉的夜色慢慢过去了。

维珍的笔记

- 为了从过去所造成的思维限制中跳脱出来，我的想法应该更有弹性，并从他人的想法中得到灵感。
- 不要再寻找过去甜蜜的冰激凌，因为它已经在我们的记忆中融化殆尽。
- 过去灿烂、年轻的模样，会对现在的我造成困扰。过去的经验，会局限我们的思考范围，也会混淆我们的判断。
- 与其怀念过去的我，不如多想想未来会怀念的现在的我。
- 现在的记忆，甚至转身而去的瞬间，马上会汇入时间的大河中。

Chapter4

圆梦急不得！每天给梦想 10 分钟

据职业测试结果显示，维珍的个性属于内向感性型。正是这种安于现状型的个性，使得维珍无法从单调重复的生活中脱身，被束缚于安逸的围墙内，没有想到远方的未来。这时，学长又提到了另一个“10 分钟魔法”：梦想着自己未来的样子，和今天的自己约定好每天努力 10 分钟。

比起前一天，第二天的培训，维珍踏实多了。一走进教室，就发现许多受训生早早就坐在座位上了。

下定决心要从过去的魔法所造成的束缚中跳脱出来的维珍，不再在意昨天出糗的事，朝气蓬勃地向坐着的同学打招呼。大家也都很愉快地接受了维珍的问候，连之前没见过的人也以眼神示好，这大大降低了彼此之间的警戒心。果然，大家对昨天维珍因失误而手足无措的事，好像根本毫不在意。更让维珍惊讶的是，教室里所有的人昨天还仿佛是敌人，今天突然就变成朋友了。

看来还是我自己个性上的问题，我真傻，人家根本不在意我，我干吗要那么在意别人的眼光？就像学长所说的，如今该从过去的魔法中跳脱出来，多多关注现在的自己才对。

维珍解决了困扰自己许久的一大难题，心情愉快极了。

职业性格测试结果出乎意料

上午培训的课程，各个受训生都被要求回答数十个 MBTI（职业性格测试，Myers-Briggs Type Indicator）的题目，为了分析受训生的个性。测试是内向还是外向？思考重视现实还是人情？做事重计划还是弹性而为？

讲师要求受训生按照自己的直觉，自然地作答。尽管如此，大家还是像在考试一样，斟酌着该如何作答，以至于每个人都一副压力很大的样子。等到讲师公布这次测试结果不予计分之后，受训生们才开始安心作答。

所有受训生都提交答案之后，旁边的助理讲师马上就开始统计分数。这段时间里，讲师则分别说明根据此测试所区分出来的 16 种个性类型。据讲师说，韩国人的性格大多属于内向型，偏向重视实际经验和现状的感性型，而非展望未来的直观型。

测试结果终于出来了。许多受训生都因为看到结果与自己预期的完全不同，而显现出诧异的神色。可能是觉得这和平常的自我认知大相径庭，以至于难掩惊讶。

根据测试结果，维珍的个性正如讲师所说的一样，属于韩国女性典型的内向感性型。这种个性的人对于上头所交代的工作，会很努力地完成，在安定、细致的工作上很专注，但却容易偏向于见树不见林，可能会过分执着于自我的信念。

我的个性属于安于现状型吗？或许就是因为这种个性，才会让我陷入时间的魔法中吧。

维珍仔细观看讲师分发下来的数据，好好地检讨了一下自己的个性。最后归纳的结果就是，自己太过安于现状，以至于无法从现状中跳脱出来。

等等，如此看来，我目前的现状不就跟学长第一天所说的电影男主角的情况相同吗？原来我会成为被束缚在时间魔法中的人，问题就出在这里。

维珍通过分析自己的个性，似乎对时间的魔法又多了一层认识。

只有在适合自己的舞台上，
才能达到想要的高度。

嗯，一定要战胜时间的魔法。目前我无法从单调重复的生活中脱身的原因，就在于被束缚于安逸的围墙内，才没能想到远方的未来。

在接下来的培训课程中，维珍脑中一直在思考该如何克服时间的魔法。

今天所有的课程终于都结束了，回到宿舍的维珍，一心期盼着晚上 9 点 10 分的到来。从宿舍走到咖啡馆大概只有 100 多米，时间还剩下 20 多分钟，但心急的维珍已经等不及了，就先向咖啡馆走去。

路上她突然抬起头来望望夜空，月光悠悠地流泻了一地。

刚过 9 点，J 到达了咖啡馆。

“这么早就来啦？该不是我迟到了吧？”

“不是，是我太好奇，等不及就先过来了。我好像知道自己为什么无法脱离时间的魔法了。”

“是吗？你怎么知道的？”

“今天上课时进行了职业取向的心理分析，结果发现，我的个性属于内向、安于现状的感性型。讲师说，这种个性适合专注于繁琐的工作，但太过偏向见树不见林，而且很固执。我自己想想，好像真的是那样。”

“原来是我留学时所研究的东西啊！维珍也是所谓的 ISTJ 型吧？内向（Introversion）、感性（Sensing）、思考（Thinking）、判断（Judging）。韩国有超过 25% 以上的人都属于这种类型，尤其是女性的比率更高。”

“大概就是因为这样，今天心理测验的结果，有很多人的类型都跟我差不多。这么说来，大家都跟我一样，在时间的魔法里彷徨吧。所以，学长，快点告诉我该如何解除魔法的方法吧！”

“不用那么心急，就是因为这种焦躁，才无法从时间的魔法里解脱出来。说得更明白些，之所以会落入每天单调重复的时间陷阱中，就起因于此。”

“说成时间的陷阱，我反而更能理解。”

“要想从时间的陷阱中脱离出来，真的很困难。不过，别把那想成陷阱，还是想成时间的魔法比较好。所谓的魔法，可以用在不好的地方，但也能像哈利·波特一样，用在有用的地方。电影中的男主角菲尔就是靠着个人的努力，将时间的陷阱变成美好生活的魔法。菲尔因此变得更具有人情味，也领悟到爱与努力的价值，最重要的是让他懂得珍惜一份诚挚的爱情。”

“原来如此！这么说来，反而成了神所赐予的美好魔法呢！”

维珍点了点头。

“没错！时间的魔法对我们来说，虽然像陷阱，但如果我们能领悟个中奥义，善加利用的话，就等于将它转变成改变自我的重要魔法。也可以说是一种看不见的时间的力量。”

“应该是吧。”

J面带微笑地将话题转了个方向。

“那么，现在就来说说如何利用10分钟的魔法，好吗？”

“好的！请等一下！”

维珍翻开笔记本，握起了笔，准备开始做笔记。

每天和自己约定 10 分钟

“上次我们说到当我从电影里顿悟时间的魔法之后，发现自己的生活原来也是如此，你还记得吧？”

维珍点点头。

“因此我就想，既然我像菲尔一样受困于时间的魔法中，每天都周而复始地过活，那我就每天加一点料进去，为自己做些有意义的事情。”

“什么叫加一点料进去？”

梦想从来不会逃走，逃避的，
往往是你自己。

“虽然每天我们都为了学校的事情、公司的业务而忙碌，但我想先规划出未来的理想，再找出能实现这个理想的方法。然后，在今天一整天的时间里，至少花 10 分钟的时间去实行。因为我们受困于时间魔法中，跟今天一样的明天还会到来，所以明天也同样花 10 分钟的时间去做。

“事实上，每天努力 10 分钟，无法马上看出有多大的效果，所以我也没有特别期待会有什么不同。只是想在无聊的每日重复中，多努力 10 分钟罢了。”

“10 分钟吗？那么少的时间能有什么效果呢？”

“当然有啊！至于为何是 10 分钟，只不过是要强调，即使是这么少的努力，只要持续不断地累积，也能有所成就。当然，如果有更多的时间，或特别感受到什么的话，也可以持续 20 分钟，甚至于一个小时。关键是，每天至少要保证 10 分钟的时间。”

“我还是不太明白，具体来说，学长在那段时间里究竟做了些什么呢？”

“譬如我想在公司里得到升迁，英文能力会占很大的比重，所以我每天一定花 10 分钟的时间读英文。但是，随身带着教材很不方便，把书打开来读，也很麻烦。于是我便利用上下班时间，找报纸上的英文学习专栏来读。到了公司以后，马上把当天所看到值得记下来的内容，在笔记本上抄下来，再丢掉报纸。这大概只需要花喝一杯咖啡的时间，对吧？”

“如此微薄的努力，能有什么帮助呢？”

“那正是魔法的 10 分钟啊！我每天都不自觉地那么做，有一天才突然发现已经过了很长的一段时间。”

“听学长这么说，难道过了好几年吗？”

“是啊，有好几年的时间，我都重复着那样的生活。反正处在时

间的魔法里，每天都像是在过同一天，所以也不觉得真会有什么进步。但是，每天看过的英文题目不断地累积又累积，竟然到了十分庞大的数量。几年后，我的托业考试（TOEIC，**中文译为国际交流英语考试，是针对在国际工作环境中使用英语交流的人们而指定的英语能力测评。——译者注**）拿到满分，而这份满分的成绩单也成为我在公司快速升迁的决定性契机。当然，这多少也归功于我在学校的时候，英文基础好。"

"哇，好厉害！怎么能每天都坚持那样做呢？而且还维持了好几年的时间！"

"从现在的结果来看，当然会觉得好像很厉害。维珍你一开始不也怀疑，那么短的时间，能有什么帮助呢？但一天 10 分钟，真的是意义非凡，在我们还未察觉到自己受困于魔法中，任凭岁月快速地流逝之际，10 分钟的努力就能累积出难以想象的巨大成果，那就是 10 分钟的魔法所造就的。"

"听了学长这番话，维珍突然觉得现在所拥有的时间，真是太宝贵了。再想到从前在不知不觉之中流失掉的时间，觉得好可惜。假设每天努力 10 分钟，就能取得那么大的成果，那如果每天努力一个小时，结果不就更可观了！"

"时间的魔法真的很强大，只要能每天持续做一件有意义的事情，在不知不觉中，就能发现自己正不断地向理想中的自己靠近。然而，大部分的人都不懂得利用 10 分钟的力量来解除时间的魔法，反而在时间的魔法里挣扎，真是太令人惋惜了。

“时间的魔法最可怕的地方，就在于当我们每天都处于重复的生活中时，太多的时间就已经被浪费掉了，而我们却完全没有察觉这一点，仍旧每天过着枯燥无聊的生活，自白送走一天又一天。想做点什么，又觉得做了也没用，还反问自己干吗要做。于是，有一天蓦然回首，才发现自己已经浑浑噩噩地过了好几个月、好几年，甚至好几十年。

成功人士的一天是 25 小时，
失败之人的一天是 23 小时。
活出怎样的人生完全
取决于你如何利用一天 24 小时。

“维珍，你要好好记住这句话。有些人好像很懂得努力，特别是在年初总会下定决心，要努力实践几个计划，后来却虎头蛇尾，没过几个礼拜就放弃，这是大多数人的通病。有句老话说‘坚持就能做到一切’，这句话其实很不负责任。时间的魔法多么强大啊，单单只凭着坚持到底的心态，很多时候还是一事无成。

“就像你说的一样，如果每天能努力一个小时，该有多好！但时间让我们的每一天都变得如此单调混乱，令我们感到厌烦，定下的计划最后就只能放弃了。要想克服这一点，我们每天可以只努力短短 10 分钟，这样才不至于觉得烦。这种最低限度的努力，连时间也无法察觉。

“做到每天努力 10 分钟，应该并不困难。当然，成果不是立即就能显现出来的。区区 10 分钟而已，能做出些什么呢？关键就在这里。如果你相信 10 分钟的魔法，就不要在意成果，什么都不要想，去做就行。

“不要心急，只要梦想着自己未来的样子，和今天的自己约定好每天努力 10 分钟。利用 10 分钟的魔法时，最惊人的地方，便是每天只要花 10 分钟就够了。或许在一天、两天、一个礼拜里无法取得多大的成果，但几个月、几年之后，当你回神一看，就会发现一个十分接近自己所梦想的、自己所想成就的自我。

“时间是很公平的，给予所有人一样的待遇。成功者和非成功者之间的差别，就取决于是否懂得利用 10 分钟的魔法。一般成功的人都会说，先拥有一份梦想，然后为了实现那个梦想，每天一点一滴地努力，于是便成功了。换言之，这些人正是懂得利用 10 分钟的魔法来完成梦想的人。”

J 的脸上盛满了笑容，接着又说。

“我认识的一个朋友发明了激光牙刷，特地拿来给我看，想听听我的意见。牙刷里会发出激光，只要每天使用这种牙刷刷牙 3 分钟，让激光照射牙齿，就能有效地清洁牙齿，可以说是相当方便。而且还有提醒功能，只要一到设定好的时间，就会发光提醒。于是，我便拿去给附近的牙科医生看。你知道牙科医生怎么说吗？”

维珍满脸疑惑，摇了摇头问。

“是对激光的效果说了些什么吗？”

“不是，他的回答很令人意外。医生说，多少有点帮助吧！于是我问，激光很好吗？医生回答，先别管激光有什么效果，不论是哪种牙刷，随时拿来刷牙 3 分钟，都能有效地清洁牙齿，或预防牙周病。”

“呵呵，真有意思。所以说，只要能随时刷牙 3 分钟，不管是哪种牙刷都有效果。”

“没错！然而人们总是忽视了这 3 分钟的重要性。”

“时间，真是令人感到熟悉又陌生。那么，该如何管理时间呢？”

“因为我们受困在时间的魔法里，所以只要从现在开始实践就行，也没必要想要努力做到更好。从今天起，每天投资 3 分钟的时间刷牙，照这样下去，在魔法进行的同时，我们的牙齿也在不经意中变得更加健康。只要相信 10 分钟的魔法，从现在起，每天投资几分钟的时间在自己身上就够了。”

“嗯，真是个好方法！坦白说，以前我曾经是健身房的会员。刚开始的几天，我每天都认真地健身 2 个小时，但到了后来，一想到要每天要辛苦地运动 2 个小时，就觉得好累，渐渐有一两次就偷懒没去。慢慢地，一个月之中，没去的日子比去的日子还多。

“这也可以说是因为我不懂得利用 10 分钟的魔法，才没法达到保持身体健康的目的吧。那时总是拿忙碌当借口，现在摸着良心想想，说自己连 10 分钟的时间都抽不出来，根本就是睁眼说瞎话。如果我早点了解 10 分钟的魔法，现在就不会这么后悔了。”

“10 分钟的时间似乎算不了什么，但每天累积下来，一年就是 3650 分钟了。维珍平常一个月看多少本书？”

“啊，这个嘛……我是想多看点书，不过，因为没什么时间，大概两三个月才看一本。”

“如果按照 10 分钟的魔法来做的话呢？假设只要 2 小时左右的时间，就能把一本书里的重要内容读完的话，一年下来，就能看完超过 30 本书了。随随便便的 10 分钟，却能给我们带来莫大的改变。”

维珍马上惊呆了。10 分钟，真的只是一天 24 小时中喝一杯咖啡的时间而已。她从来没想过，只要能活用那么短的时间，就能得到如此巨大的成果。

“原来如此！今天非常感谢学长，告诉我 10 分钟的时间魔法。我在笔记本上写下‘10 分钟的魔法’，从此时此刻起，我一定要好好活用它。”

听了维珍的回答，J 更积极地鼓励道。

“那从明天早上开始就做做看？”

“明天就开始？做些什么呢？”

“早上起床后，在这个度假饭店里散步一圈，如何？我走过，大概只要 10 分钟就能走完。”

维珍很爽快地点点头。

“好！我一定做到！然后再把结果报告学长，也顺便跟学长交流一下我的心情！”

“嗯，我很期待！今天你就好好休息，希望你在日记里记下这份好心情。千万不要让今天感受到的激情，随着时间的流逝而消失！”

维珍当晚写了一篇长长的日记，包括 J 所说过的话，以及自己没能早点知道 10 分钟魔法的遗憾，也想起了造成那些遗憾的种种回忆。

维珍的笔记

- 在日复一日的时间魔法中，遵守与自己每天 10 分钟的约定。每天付出 10 分钟的努力，来完成自己的梦想。

- 每天 10 分钟，一年就是 3650 分钟。读英文 10 分钟、读书 10 分钟、散步 10 分钟、运动 10 分钟等等。

- 成功者与非成功者之间的差别，取决于是否懂得利用 10 分钟的魔法。

Chapter5

勇敢说出，10 年后你想成为怎样的人

在痛苦的商业英语培训后，维珍排到最后一名，沮丧之下，学长是如何开导她的呢？学长为什么要维珍思考 10 年后想成为什么样的人，并且每年订立 10 项计划呢？为什么一年里就得订下 10 个目标，反正是当成 10 年的目标，一年一个不是更好吗？这与 10 分钟的魔法有什么关系呢？

培训第三天，天气晴朗。就像电影里的男主角一样，在手机闹铃声中醒来的维珍，如同往常一样不想起床，抱着枕头翻了个身。

等等，我这不就仍被时间的魔法困住了吗？

维珍这才想起昨晚 J 所说的，解除时间魔法的方法——10 分钟的魔法。

啊，对了！ 10 分钟的约定！和学长的约定可要好好遵守。

然而，要利用 10 分钟的魔法，还真不是那么简单。困倦、赖床、暖和等原因，让维珍连动都不想动。维珍和放不了手的枕头抗争了好久，才好不容易爬了起来。这时她才终于能执行 10 分钟魔法约定的第一件事：每天散步 10 分钟。

草草打理完毕后，维珍就走到度假饭店的正门口。早晨郊外清爽的凉风徐徐吹来，和煦的阳光洒在树叶上，发出耀眼的光芒。

啊，我竟然错过了如此美妙的风光。多么清新的感觉啊！

不知从何处传来的鸟鸣声，陪伴着维珍一起散步。她的头脑渐渐清明起来，似乎有某些新的创意刺激着脑子里的神经细胞。

维珍不禁想到，如果每天都能花10分钟的时间散步的话，不管是肉体上也好，精神上也好，都会变得越来越健康。这些维珍心里都明白，只不过关键在于，该怎么做，才能让自己每天早上脱离温暖被窝的诱惑。

维珍思忖，要战胜愈来愈懒的自己，就必须要对10分钟的魔法这一特别的诀窍寄予厚望，所以她一定要好好记住这种惬意的心情。

结束了短短散步的维珍，迎接了一个与过去经验中气氛截然不同的晨光。该怎么说呢？似乎觉得一天的时间变长了，感觉如获新生。

10分钟的力量竟然有这么大啊？怎么我活到现在，都不知道这件重要的事呢？

维珍首次对自己能遵守10分钟的约定，感到骄傲。

痛苦的商业英语培训

今天上午的培训课程，主题为“未来社会的挑战”。在整节上课时间里，讲师不停地提到领袖风范。事实上，未来会发生什么事情，怎么可能预先知道呢？然而，在上课中，大多数人着重强调以多闻多识多经验为基础，来洞悉未来。

啊，原来将来世界会变成这种样子，真是闻所未闻！我果然是一只井底之蛙！

维珍从不曾去探讨那些事情，也不知道可以从中推断出未来可能的趋势，顿时对自己的无知感到汗颜。

这个世界真是五花八门，对于这个我所不了解的世界，我得多多学习，多多体验才行！

课程结束后，维珍特地去跟讲师打招呼，并说这真是一场令人印象深刻的课程，并希望以后能继续跟他保持联络。讲师笑着从手提包中拿出自己的著作，签名后，连同名片一起递给维珍。

我们必须习惯站在人生的交叉路口，
却没有红绿灯的事实。

“今天你听讲很认真，在众人之中显得特别突出。这是我以讲师的身份送给你的，希望你取得好的成绩。”

面对意外的称赞，维珍感到受宠若惊，觉得讲师真是棒极了。

然而不同于愉快的上午，下午的课程对维珍来说充满痛苦。下午的培训课程为“商业英语会话”，是以英语为主所进行的小组活动。

啊，怎么是英文课呐！

维珍脑中浮现起在澳大利亚时的痛苦回忆。那些因为和当地人沟通不顺畅，而不得不忍气吞声的许多难过瞬间。事实上，如果维珍英文够好的话，今天也不会在这里接受培训了。对英文一点自信也没有的维珍，不禁羡慕起英文实力超强的J。

如果我早点知道10分钟的魔法，是否也能像J学长一样在托业考试拿满分呢？

然而，实际上维珍的托业考试只考了550分。因此在下午的活动中，维珍的态度一直都很消极，只能望着踊跃发言的同事兴叹。

果然不出所料，一整天的课程结束后，当维珍确认成绩时，发现自己的分数竟然落到最后。和第一名相比，整整差了60多分。她大受打击，照这样下去，被淘汰是必然的。

在乌云罩顶的忧郁中，维珍吃下去的晚饭也仿佛全搅成了一团烂泥，整个人心乱如麻。如今，能指望的只有最后的结业考试了。维珍整理了一下今天所学到的内容，不知不觉中，竟到了与J约定的时间。

时间过得太快了，竟然已经9点了。

维珍这才重新认识到时间的力量。和学长道别好像才没多久，一天竟然就这么过去了，又到了约见的时刻。时间似乎在越是惋惜之际，便越加无情地快速奔流而去。

维珍拖着沉重的步伐走到咖啡馆，确定J还没到来，便先找了位子，翻开上午未来学讲师所送的书来看。然而，再怎么翻来覆去地看，也难以理解书中的内容。

10年的梦想，10年的目标

“原来是有关未来学的书啊！”

J一脸开朗的笑容走了过来，在维珍的前面坐下。

“学长，今天过得好吗？这是今天上课的讲师送给我的礼物。”

“看来你今天的课上得不错，还收到礼物。”

维珍摇了摇头。

“到上午为止都还好，问题在于下午的英语会话课程。我根本搞不清楚他们在说什么，结果成绩就掉到了最后一名。本来还以为自己不会这么惨，真是丢脸死了。”

J对维珍的评价结果感到很遗憾。

“近年的企业正逐步走向国际化，因此英文实力的好坏就变得很重要。维珍你也能从这次培训中，了解到企业想要的是什么样的人才，所以不必汲汲营营于现在，只要能认识到其必要性，这就很不简单了。对我们来说，因为有10分钟的魔法存在，如果想得到什么，而又很清楚目标的话，从现在开始努力，最终会达成目标。”

“谢谢学长的安慰，一直到刚才为止，我都超郁闷的。现在听了学长的话才知道自己最先该做什么。过去，我太安于现状了。如果想要成为自己所期待的人，那该拥有什么样的能力，我到现在似乎也有了一些概念。更重要的是，不管我想要什么，想做什么，想成为什么，都要相信 10 分钟的魔法会助我一臂之力！或许这次培训中最大的收获就是遇见了学长。这大概也是上天赐予我的机会吧？”

J 看到维珍脸上的表情变得开朗，才安下心来。

“搞不好真的是！能和你这样深谈，对我来说，也是一个机会。好，那我们今晚就来看看‘未来’吧。那本未来学的书里面，有提到未来会发生什么事情吧？”

“坦白说，我看是看了，但不懂的地方太多，所以不是很明白。”

J 朗声大笑了起来，摸了摸维珍的头。

“想明白未来学学者们所说的未来，得先充分了解现在和过去才行。你看不懂，代表你目前的知识范围还不够理解这本书。只要你多关心时事，多了解现在发生的大事，总有一天就能领悟这本书里所说的展望未来的意义。不要太担心！”

“是，学长！你的言下之意就是叫我多读报纸，多看新闻，对吧？也应该投资一个 10 分钟在这上面吧？从现在起，我再也不会拿忙碌当借口了。”

对维珍的决心，J 点了点头，开始说出今天要讲的主题。

“那今天我们就来聊聊未来吧！”

J把两手放在桌子上，把手指头张开来。

“我曾经想过，为什么我们两手加起来会有10根手指头？”

维珍笑着说。

“我完全没有想过这个问题耶，还真像是学长才会提出来的问题。所以呢？原因何在？”

J一边把手指头一根根地缩起伸直，一边答道。

“这个嘛，或许你听了会觉得失望，事实上我也不知道。从生物学上或者能够解释什么吧。越是高等动物，手指头就越多。可能是因为生存上的必要进化而成，或和文明的发展过程有什么关系吧。

“姑且不论这些，很多人单单只是赋予10这个数字本身某种意义。有个诗人说，因为我们受了母亲怀胎10月的恩惠，所以才有10根手指头。所以，产妇通常一生下孩子，一定先确定手指头是不是10根。”

“这个答案真不像是学长会说出来的，不过我反而更赞同呢。”

维珍顽皮地笑了起来，张开自己的手指头。

“我想强调的是，因为手指头有10根，所以一般人对10的概念非常熟悉。通常当小孩子学数数时，便会扳着10个手指头来计算。而我所确信的是，不管是什么事情，只要都能扳着手指头数到10，一切便能纳入掌控之中。所以，每年我都会订立10个目标。”

维珍觉得 J 订下的目标太多了。

“哇！只有学长你才有可能达到吧？我连一个目标都订不出来，而且我的能力不够，连想都不敢想。”

J 笑着继续说下去。

“当然，要完成一个目标不容易，对我来说也是一样。然而我之所以会订下 10 个目标，而且还要在一年内完成，原因是在于，我希望当我变懒、意志消沉时，最好还能存在自我激励的要素，而且在我能力范围内，越多越好。从这点来看，10 个目标便具有深层的意义，尤其是展望 10 年梦想的目标。”

“一年里就得订下 10 个目标吗？反正是当成 10 年的目标，一年一个不是更好吗？”

维珍越来越好奇。

“到目前为止，我们一直都在谈论 10 分钟的魔法。从我的经验来看，如果我们想依靠 10 分钟的魔法获得某种成果，我觉得至少需要努力 10 年左右。为了想要有一番新收获，至少要经过这么长的时间，才能达到自己所想要的水平。

“如果要像电影里的男主角菲尔一样，帅气地弹奏钢琴，如果想好好做学问，拿到硕士或博士学位，如果想通过某类重要考试的话，考虑到所必须付出的诸多努力，难道不需要多点时间吗？当然，这也因人而异，有些人或许不需要长达 10 年，有些人则要更久。但如果能从一开始就先考虑到所需时间的话，心里会更舒坦。”

维珍听得一头雾水。

“可是，学长，当下不是才最重要吗？如果我想赶快在明天或明年就变得幸福，怎么可能等到10年后呢？等不了那么久。我怎么想，都觉得只有像学长这么特别的人才有可能做到，不是吗？”

J笑了笑。

“其他人自然也有和你一样的想法，我当然也想在几个月内、或一年里就能成功。如果那么订目标的话，也不是做不到。好，让我们来假设一下吧！如果我的月薪是1万元，而我想存一笔5万元的存款。这个目标当然有可能在一年内就达成。然而我所说的目标并不是这种。事实上，如果是这类的目标，只要下定决心，经过几次努力就能完成，根本不需要利用10分钟的魔法。”

“原来如此，我所想的目标也不过就是那种水平而已。听了学长的解释，才知道那种目标确实和10分钟的魔法无关。”

“是啊！我所说的目标，至少也得是能堂堂正正记录在人生的日记本中的那种。当然，一年存5万元也很重要。这样才能以那笔钱，再累积到10万、20万甚至是100万。不管做什么事情，开头是最重要的，所以才需要订立一年的目标。好，让我们试着来订立一个需要花费10年努力的目标吧。同时，为了达成这个长期目标，也建立一个今年内必须做到的短期目标，再把这些全部罗列在笔记本中。

“上高中的时候，我会先立下将来考进最高学府的长期目标，然后每年再订立达到这个目标的计划。后来上了大学，我就立下了要环游世界一周的目标，每年就为了这个目标做好准备，如存钱、搜集资料、查攻略等。再之后进了公司，为了成为受人认可的专家，便立下了取得博士学位的目标。

“这些与其说是目标，不如说是我的梦想，同时这些目标我都好好地利用了10分钟的魔法。为了达成梦想，只要能专注在今天该努力的10分钟就行。接着，就把一切都交给10分钟的魔法吧。”

维珍还是不甚明白。

“坚持每天努力10分钟一个月都很困难，怎么可能撑到10年呢？对我这种意志薄弱的人来说，根本是不可能的事情。”

“如果是这样的话，那还有一个方法。你不是很遵守约定吗？”

“是，只要做得到，我都会努力遵守。我很讨厌不守约定的人。”

“那你还没法遵守和自己的约定吗？要不然，你就当作是和别人的约定好了。”

对于约定的方法来说，J提出了一种另类的办法。

“我的未来吗？”

“没错，将你的未来和别人订下约定。其实，与其说是约定，不如说是将自己的梦想与他人分享。那么那些人就会常常问起你的梦想，他们问的同时，你就会想起自己的梦想。”

维珍这时才露出恍然大悟的表情，点了点头。

“哇，原来还有这种方法啊！知道我的梦想的人，每次看到我就会问我进行得如何，那就变成一大负担喽！”

“就是要有负担感，才能更好地遵守与自我的约定。举个例子说，如果你想成为优秀的作家的话，就跟朋友说：‘我要成为优秀的畅销作家！’虽然畅销榜上的作家并非全都很优秀，不管怎样，话说出去后，为了不想让朋友们嘲笑，自己就会不时地受到提醒，朝着成为一名好作家而努力。”

“刚刚才说了不要在意别人的看法，这个方法却正好相反呢！”

“哈哈，也可以这么说！不管怎样，这么去做，就能反复地想起自己的梦想，也能遵守与自己的约定。同时，不用太在意10年的时间，反正重要的是，今天是否为梦想做了多少努力，只要能做到这点就可以。”

维珍开始思考自己到底有什么样的梦想，那种足以展望未来10年的梦想。

“这么说起来，我似乎没有那种梦想耶！顶多只能想点今天明天的事情，毫无计划地一步一步向前走。碰上有趣的事情，就觉得高兴。不然，就马上感到悲伤或忧郁，就这样每天在乍喜乍悲之下，惶惶不可终日。”

J点了点头。

“你马上就领会了呢！很多人在不知不觉中因忧郁症所苦，原因就在此。明明快乐的事情有很多，有趣的事情也很多，但他们却总觉得那些喜悦都只是暂时的，自己的处境依然可怜，于是便陷入无尽的孤独里，难以自拔。其实这都是因为他们没有梦想，也就没有想做些什么的欲望。”

“没错，我的人生就是这样。”

“所以人一定要有梦想，而具体实现梦想的方法就是 10 年的目标。有了这种梦想，就算现在会觉得累，至少在想到 10 年后的自己时，心中会有些新的感受。例如那些从早到晚在市场里叫卖的人，他们都非常努力地存钱。看着他们把每天辛苦赚来的钱一点一滴存在银行里，就知道他们怀抱着积少成多、存成一笔巨款的梦想。所以虽然他们过得很辛苦，但却很幸福。”

怀抱着梦想，每天都能感受到幸福。维珍发现，从前的自己根本就是过着浑浑噩噩的人生。

“我看到那些每天叫卖到很晚的人，总会同情他们的处境，没想到其实自己的人生更可怜。”

J 呵呵地笑出声来。

“只要有梦想，谁都可以得到幸福。像那些一点一滴存钱的人，其实可以算是已经在某种程度上运用 10 分钟的魔法了。梦，谁都会有，但重要的是，是否已经从现在开始订下实现梦想的目标，并朝着那个目标迈进。这是一场马拉松长跑。”

“真的像马拉松赛跑呢！10年的目标，10年的梦想！但是，不会感到厌烦吗？毕竟成果也不是那么显而易见。”

维珍很怀疑自己是否做得到。

“会觉得累，那是自然的！跑马拉松的时候，连自己现在跑到哪里都不知道的话，本身就是一件很令人疲倦的事情。所以，至少要有一个能告诉自己已经跑了多少，到终点还剩下多少距离的里程碑，以及一旁鼓励自己的人，同时，中途还要有能解渴的清凉饮料。

“同样的，在我们实现梦想的过程里，也需要有许多里程碑、人们的帮助以及清凉饮料。所以每年到了年底，我就会回顾自己的10个成果。然后，为了我的梦想，为了我的幸福，思考新的一年该做到哪些事情，据此订下10个计划。这个过程就相当于在马拉松比赛中确认里程碑，同时也补充清凉饮料。”

维珍沉浸在思虑中，思考着所谓每年回顾的10个成果和展望的10个计划。

“可是我不确定我的人生中，是否每年都能有10个成果。到底什么才称得上是成果呢？”

“你不用太在意成果这个词，事实上，我也只不过是整理10件大事罢了，也就是把我所认为的10件大事，记录在我们夫妻合用的日记本里而已。譬如说，在大赛中获奖啦、拿到销售大奖啦，或

有哪篇论文发表了、孩子在学校里拿到什么奖之类的好事。也有像孩子生病住院啦、出车祸之类的坏事。

“因为有了梦想，所以没必要一直在意和梦想相关的事情。孩子们灿烂的笑容，突如其来的好运，这些都足以成为我们在朝着梦想奔驰的人生马拉松中，补充体力的清凉饮料。同时也不必一直想着好的事情，就算是不好的事情，最后也会成为美好的回忆。现在，我还活着的事实，就是一件幸福的事情。将来该怎么过，又该付出什么样的努力，才能避免那种坏事再度发生，这些都会成为我们稳定心志的好计划。”

维珍点点头。

“原来如此。也就是说，挑出一年里发生的事情，找出它们的意义，对吧？这么一来，也就能知道该以何种方式设立 10 个新的目标了。”

“没错。经由 10 件大事，来回顾整理过去的一年，就能预测新的一年里该做些什么努力，又该小心些什么事情。所以我们家的人每年到了 12 月 31 日，就会聚在一起共同整理家庭的 10 件大事，听着跨年的钟声，心中充满希望，一同订立新年计划。为了各自的目标把该做的事情、想做的事情、该花心思的事情等，整理罗列出 10 件之后，再把这些新的计划大大地写在纸上，贴在显眼的地方。像是冰箱门上，或是书桌前的墙壁上。”

维珍微微一笑。

“贴在那里，就没法装作没看到，因为都是些最显眼的地方，对不对？”

“就是故意贴在显眼的地方。每当我感到悲观或觉得人生很沉重的时候，就会大声朗读贴在书房墙上的今年计划，然后就会想起我的 10 年梦想。不知不觉间阴霾就一扫而空，而这种时刻，就成了被时间压得喘不过气的人生里，最好的休止符，也让我的心里油然升起一股继续前进的勇气。

“尤其是处在现今大量使用电脑处理事情的环境中，长时间工作，眼睛很容易感到酸痛。那种时候，你抬起头读一读远处贴在墙壁上的目标，不仅纾解了眼睛的疲劳，也能有新的领悟，而且精神更集中，工作的效率也更高。”

“原来这就是学长多年如一日的秘诀啊！”

但维珍仍旧怀疑，自己是否也能如此地努力不懈。

“可是我还是有点担心，我的梦想真的能够实现吗？会不会用错了方法？这样不就反而让我不敢去尝试。”

“你不用担心这，今天回到宿舍后马上规划看看，你就会明白我的话了。不管怎样，最重要的是你的心态。10 年的目标，梦想！在人生的这场马拉松赛跑中，跑得好不好，跑得对不对，把这些想法全都丢掉。不要怀疑，只要相信自己就好。

"有句话是我常用来给自己打气的：'现在开始，10 年后会感到高兴；现在放弃，10 年后会感到难过。'有目标的人生，才能在安逸中不受到诱惑。如果现在，我能固守本位，做到今天与自己的约定的话，那接下来的一切交给时间就好，反正我的人生已经受困在时间的魔法里。只要意识到这一点，就可以说我们已懂得活用 10 分钟的魔法。"

结束和学长的会面，走向宿舍的维珍，专注地沉浸在思考中。

到底 10 年后，我想成为什么样的人呢？

从这点来看，维珍似乎从来没有想象过未来自己的样子。

回到宿舍之后，维珍拿出日记本，将 J 对自己说的话一一记下来。

- 订立 10 年后我所梦想的人生目标。
- 思考实现目标所需要的 10 年过程。
- 每年回顾 10 件成果，订下 10 项计划。

那么我 10 年后的目标是什么呢？

维珍好好反省了自己的情况，到目前为止，自己所拥有的竞争力，只有博人好感的外貌和形象，然而 10 年后这些条件是否还能成为自己的竞争力呢？实在相当可疑。

那么，和我处在相同情况下而最后成功的人，有吗？

维珍想起了今天教授未来学的那位充满个人风采的讲师。

嗯，如果能像那位讲师一样，成为某个领域的专家就好了。那么，即使我年纪大了，也不会被人们遗忘，反而还能随着岁月和经验的增加，受到人们的肯定。

维珍突然感觉到心中有些什么慢慢沸腾起来。激动之余，连握着铅笔的手指头也奇妙地在颤抖。

维珍在日记本上大大地写下一句话：

时尚专家、服装设计学博士　郑维珍

将来一定要在我的名片上印上这样的头衔：郑维珍博士。我一定要做到！

维珍感到自己渐渐有了一些改变，不仅脑中对将来要做的事情有了蓝图，心中也对此充满了期待。

维珍的室友瑞娟看到她一个人在偷笑，不禁好奇地问。

"你最近每天晚上都在做什么？写日记吗？"

维珍的室友瑞娟，毕业于名门大学法律系，在另外一家公司工作，这次也参加了S企业的特别录用甄试。虽然是维珍在培训期间才刚认识的朋友，但因为年龄相仿，说话又投机，两人就像认识了好几年的老朋友一样。

“瑞娟，我不是跟你说过，我在这里碰到好久不见的学长嘛。”

“啊，就是那位教授吗？最近几天你是不是都和他约好见面？”

“这几天听了学长对我说的话，心情十分激昂，心都快跳出来似的，我的人生终于有了梦想。”

瑞娟好奇得不得了，不知不觉地便坐了过来。

“是什么？也跟我说说，可以吗？”

“好啊！那一点也不难，这是我的日记本和笔记本，看到了吧？我把学长说过的话都整理记录在这里了。”

维珍骄傲地翻开这几天所整理的内容，拿给瑞娟看。

“哇，竟然是这个？我还以为只是单纯的喝茶聊天呢。”

“我解释给你听。这是有关时间魔法的话题，最先是从某部电影的剧情开始说起的。”

维珍将这几天学长所说过的话和自己的感触，指着笔记，一一说给室友听。瑞娟听着维珍的讲解，脸上一直挂着惊讶的表情。等到维珍说完，瑞娟立即拜托维珍。

“维珍，从明天开始，我可不可以一起加入 10 分钟的约会？拜托拜托！”

“我可能要问问学长，不过，我想应该没问题，学长很喜欢跟很多人一起聊天。”

两人意犹未尽，一直聊到很晚才睡觉。

维珍的笔记

- 朝向人生梦想奔驰的马拉松途中，必须订好里程碑，准备好清凉饮料。那就是今年一年的 10 大成果（或 10 件大事）和明年的 10 大计划。
- 现在开始，10 年后会感到高兴；现在放弃，10 年后会感到难过。
- 订立 10 年后我所梦想的人生目标。
- 思考实现目标所需要的 10 年过程。
- 写下每年 10 件成果，以及 10 项计划。

Chapter6

永久保存记忆的三大魔法

看着厚重如砖块般的法律教材，光听到有关法律的话题，维珍头都晕了，更何况还要考试。可是维珍听学长讲完记忆的原理后，再运用他传授的三大法宝，便对即将到来的考试信心十足。

闹钟响起，天也亮了。维珍又在棉被里抱着枕头赖床，反而是瑞娟先起床催促她。

“维珍！我们 10 分钟的约定要来不及啦。快点快点！”

“昨晚我们一直说话，睡得太晚。让我多睡一会儿不行吗？”

“相信时间魔法的人，这样不行喔。快点起床吧！”

瑞娟抢走维珍的被子和枕头，恶作剧得逞般嘻嘻笑着跑开了。

两人在愉快的气氛下，在度假饭店周围走了一圈。

“哇，这里的清晨真的很清爽，可惜之前不知道，都把宝贵的时间浪费掉了。”

“是啊！我刚开始散步的时候也这么认为。如果在睡觉和散步中间叫我选一个，我当然会选散步。但想要摆脱睡觉的诱惑，对我来说，却又不是那么容易。”

“你呀，就是要有个人在旁边叫你起床才行。哇，不管怎样，真好！头脑非常清醒。那里还有自行车道呢！骑脚踏车绕一圈也不错。”

维珍和瑞娟一边散步，一边陶醉在清新的晨风中。

公布通关考试的范围

第四天上午的课程是市场理论，下午课程则是著作权和讨论会。上午的市场理论课程中，讲师说明了有关实务性质的市场战略和成功的事例。下午的课程则是有关著作权和案例研究。最近S企业开始投入和影音著作权有关的网络在线流通事业，因此有必要多了解著作权。尤其是培训的最后一天，还要针对相关内容对受训生们进行测试，所以维珍听课的时候，觉得压力很大。

光听到有关法律的话题，我头都晕了，更何况还要考试。

对维珍来说，这真是要命的一堂课。看到即使大学主修法律、却还是很认真听讲的瑞娟，维珍丢了一句话过去。

“这些都是你学过的吧？”

“也不能这么说，以前学是学过，但过了这么久，早就忘光了，尤其是很多内容都修改了。公司以违反著作权法案例为主，用了很多时间在研究案例和讨论上，我也等于从头学起。”

“唉，你谦虚什么，还是比我好啊！法律真的太难了，那么多法律条款，怎么背得起来？我真的很担心！”

维珍看着厚重如砖块般的教材，心情也跟着沉重起来，上课期间一直忐忑不安。

下课后，培训负责人出来公布有关最后一天测试的内容。受训生们都很紧张，竖起耳朵仔细听负责人说话。结业考试时间预定为一个小时，考试科目分为 S 企业的公司概要、著作权法和时事常识三大块，共 61 题。前面的测试题都是客观题，只有最后一题是主观论述题。维珍听到这里猜想，最后一题八成是跟上次讲师所提过的“最有价值的是什么”有关。

到目前为止，S 企业最有价值的是什么，维珍还没有什么明确的想法。她心里的恐惧不断扩大，心想着现在的成绩已经垫底了，如果在最后的测试时不能脱颖而出，差不多就可以确定会被淘汰了。然而，测试题里面对著作权法和时事常识的考查，对维珍来说，更是相当吃力。对考试的惊慌，让维珍的心跳又开始加快。

看来，我跟 S 企业无缘吧？

早知道就不要跟远在澳大利亚的妈妈说自己考上，只要问候请安就好。起先还以为自己能录取的可能性有 50%，没想到，现在反而是被淘汰的几率比较高。

维珍沉浸在胡思乱想中，无法集中精神听讲。不过就在这时，培训负责人的一句话，又让维珍精神一振。负责人说，次日在下午课程结束后，会分发教材，提供大约 3 个小时的时间，让受训生对不解之处有复习的机会。同时，也会分发时事常识方面的教材，让受训生能好好准备时事常识的测试。维珍心里暗暗想着幸好幸好，但转念又想，别的受训生也同样可以利用那段时间复习，结果还不是一样。

至少在培训期间总要得到些什么，那才叫幸运。如果是J学长的话，八成会叫我要好好享受这个过程。嗯，我就尽力而为吧！

维珍努力让自己镇定下来。

结束一天的课程后，早早吃过晚餐，回到宿舍，维珍和瑞娟又开始聊起最后一天考试。

“我一关上书，脑子里所学过的东西就全部忘光光。这样的话，明天 3 个小时的复习时间根本不够。这难道就是上了年纪的证明吗？以前根本不会这样的。”

听到维珍夸张的抱怨，瑞娟大笑。

“我们才几岁？你说什么啊！不过，我似乎也不像以前一样很快就能背下来，明明很专心听讲的。大概是因为现在在受训，情绪紧张才会这样吧。而且最后测试结果在培训分数中占了很大的比率，这真的让人觉得压力很大。”

这时，维珍的手机闹铃响起，9 点到了。这是设定和学长 10 分钟约会的闹铃。瑞娟也很惊讶，时间竟然过得这么快。

“机械有时实在太可怕了，在我还没意识到的时候，仍然忠实地执行着指令，而且连一秒的误差也没有。就好像终结者闪着红色的眼睛，朝我走来一样。”

维珍在一旁敲边鼓。

“所以达利才会那么讨厌时钟，在画作里让虫子啃食时钟，大概觉得时钟是让世界变得刻薄的主犯吧。你今天要跟我一起去见学长，对吧？”

“那当然！我已经期待好久了！”

记忆的原理

维珍和室友朝着咖啡馆走去。远远就看到坐在里面位子上喝茶看书的 J，两人很高兴地打招呼。

“今天来的时间刚刚好！”

“是啊，学长！我向你介绍一下，这是瑞娟，我的室友。她听了学长跟我说的话以后，也想参加我们 10 分钟的约会，可以吗？”

“当然可以！只要是关心时间魔法的人，不管是谁，我都欢迎。很高兴见到你，瑞娟！”

“您好，教授！谢谢您让我参加！”

J 的欢迎，让一直很紧张的瑞娟终于露出了笑容。

“今天的课怎么样？”

“今天上市场学和著作权法。S 企业正大规模推动在线信息流通事业，可能是因为这样，就把著作权法也纳入最后一天的考试范围。那是一场决定我们能否进入公司的关键测试，所以大家都很紧张。”

“你有没有想过，为什么在新晋人员培训中会出现那种考试？”

J 出乎意料的问题，让两个人都手足无措。

“没有耶！难道不是出自业务上的需要吗？”

“从常识的层次上来看，或许有需要吧。但公司明明就有法务人员存在，有必要用考试的方法来加重受训生的负担吗？他们其实是想多了解受训生！到目前为止，公司只能凭着你们所提交的成绩单和简历来判断，所以才想通过这次的培训，考察受训生们的危机解决能力、学习能力以及是否认真。同时也给了两天的时间，让你们好好思考‘为什么要举行测试’这一问题。期望你们思考过后，对测试的心态会有所改变。”

“哈哈，是这样的吗？听了学长的话之后，我怎么觉得压力更大了呢！”

一旁的瑞娟先提出了有关记忆的话题。

“不过，教授！难道没有办法可以保留住随着时间而流逝的记忆吗？就比如说这次著作权法测试吧，有什么方法可以将所学习的内容完整地记在脑中，考试拿高分呢？”

“我之前听了学长的话，也有同样的感受，太多的东西徒劳地消失在我的周围。就连刚刚才读过的书，内容是什么也忘得一干二净。很严重吧？只要能渡过这次的危机，以后就再也不用面临考试这种事情了。”

听了维珍的牢骚，J 摇了摇头。

“如果你以为这次测试结束，以后都不用再考试，那可就大错特错了。”

“额，什么意思？难道说我们还要继续用功下去吗？”

J 出乎意料的回答，让维珍又心慌起来。

“我呢，本来就是学者，就不用说了。我那些还留在公司里上班的同期同事们，也为了升级考试不断用功呢。他们也说，如果这次升级考试没过，那可就糟了。而且还有一个朋友，为了通过资格证考试，每个周末还到图书馆用功。还有些朋友，则积极准备参加英语考试。”

“哎呀，人生真是由一连串的考试组成的。”

“没错！为了在竞争的社会里生存下去，就必须在各式各样的考试中脱颖而出。尤其是得不断拿到许多资格证，以显示自己比别人优秀。但问题就在于，我们的记忆力会逐渐衰退。就像你们所烦恼的一样，不管怎么努力，也越来越难将所学储存在脑中。”

“真的很可惜。为什么我们记不住那么多的东西呢？如果我们能记住所有学过、听过的东西，那该有多好啊！”

人的记忆能力有限，为此，维珍感到十分惋惜。要是我们都有过目不忘的本领，就根本不用担心考试，也不用担心过去的回忆会逐渐消失。

“大家都是这么希望的，不是吗？如果想记住什么，就都能记住的话，那该有多好。但我们都无法永久记住所有看到、听到的东西，这大概也是老天爷的意思吧。或许,这也该说是一种遗忘的魔法吧！”

“遗忘的魔法？为什么要遗忘呢？都记得不是很好吗？”

维珍歪着头问。

“如果人们把那么多的事情全都记在脑中的话，精神上可能会很辛苦。不断地会想起过去的事情，也会因为有太多的想法，无法做出正确的判断。所以老天爷赐予我们遗忘的魔法，让过去的回忆全都随着时间流逝。从某些方面来看，遗忘的魔法是很好的。那么多琐琐碎碎的事情，要想一一记住，那我们的脑子会变得多么混乱啊？还不如全部忘掉，只记得重要的事情就好。”

“是吗？可是我总觉得每次想做些什么，就又得从头开始，所以我才会是现在这副模样吧？”

维珍的怨叹，让 J 笑了起来。

“不管怎样，我们想在与他人的竞争中取得胜利，就必须多学习、累积并记住多样化的知识才行。要学外语，还要懂数学。想要存活下来，就必须记住一些东西。然而，记忆这东西，不像图书馆里井然有序的书一样，有系统地排列，而是随随便便找到一个空档便填塞进去。所以想找出所需要的记忆，便得靠自己。幸好每当我们遇到某种情况时，大脑里就会浮现出某些相对必要的记忆来。”

“教授，有没有什么办法能把所学的全部记住呢？”

瑞娟听了J的话后，越发地想知道记忆的秘诀。

“对啦，学长很会读书！当年还以最高分考进那间最难考的大学，并且是最好的科系，在我们那里完全就是一个传说。”

听到维珍的称赞，让J有点不好意思地笑了笑。

“哈哈！都是过去的事情了，那时我也是赶鸭子上架啦。其实，我的记忆力没那么好，也不是很会背书，所以像背诵比赛或辩论比赛，我根本做梦都不敢参加。”

“那学长成绩怎么还那么好啊？难道上高中的时候，突然被雷劈了一下吗？”

维珍的玩笑话，让大家都忍不住哈哈大笑。

“哈哈，虽然不像被雷劈，但也像是被闪电击中一样，让我精神大振。那时我才发现，读书是一件多么容易的事。所以，当别人在用功读书时，我则独自在研究如何做才能更深入理解知识，怎样才能记得更多更久。我认为必须先找到这个答案，用功读书才有意义。

“有问题，只有先拔除根源，才能解决问题。只剪掉枝叶，问题绝不会彻底解决，因为新的枝叶马上又会长出来，问题仍旧横阻在我们面前。这是当我面对前进中的障碍时，所坚持的人生哲学。”

“啊，果真如此！这真的很有意思，对于记不住的问题，找出根本的解决之道，这才有了学长独创的记忆魔法吧？”

维珍和瑞娟满怀期待地问。

“独创的记忆魔法，这种称赞我可不敢当。不管怎样，今天我想说的内容，说是秘诀也算是秘诀，说是魔法也算是魔法。重要的是，一直到现在，我都还好好地利用我所研究出来的记忆法门，也做出了一番成绩。所以你们就相信一次，听听看吧。”

“是！请快说吧！”

J轮流看着双眼亮晶晶地充满期待望着自己的两张脸，开始说。

“高中的时候，我有个同学读书非常认真。他是我们班的副班长，上课用心做笔记，还不时地在嘴里背个不停。他的笔记还用不同颜色的笔标记，做得非常整齐干净。每次考试前，我们都喜欢跟他借笔记。上自习课时，他也老老实实地看书，参考题库不知道做了多少。只要书店里卖的参考书，他几乎都买来看。

“真的很奇怪，那么用功读书的人，成绩却不如预期，甚至比一天到晚只知道玩的问题学生还更糟糕，所以常常被他们取笑。当时，我在一旁观察他的读书方法，也不觉得有什么特别明显的问题。”

“我们班上也有那种同学，他们都觉得很沮丧。坦白说，跟那些刻苦用功的同学比起来，我算是不用功的这一类，但成绩却比他们还好。那么说起来，那些同学的问题究竟在哪里呢？”

维珍想起学生时期那么认真读书的同学，最终却没能考上大学，不由得感慨良多。

“那时候，我也没法帮助那位同学，当然他也不需要我的帮助。但后来，我才了解那个同学的问题所在，其实是因为他不了解记忆的原理所致。”

“什么是记忆的原理？”

或许这是维珍平素就很关心的话题，所以她很快就在笔记本里写下“记忆的原理”几个字。

“身为科学研究者，对任何事情都会想以科学的方式来解释，也就是找到科学上的证据。然而，有关记忆这方面，事实上很难用科学根据来证明。我也曾经看过大量有关脑功能或脑的讯息储存原理等方面的研究报告，试图对此有更进一步的了解。但比起从生物学的角度去观察，还不如像弗洛伊德一样，从精神分析心理学的角度去接近，更容易解释。”

“我觉得两者都很科学，或者该说都很学术？”

维珍笑着回答。

“我得先说明，不管怎样，这些纯粹只是从我个人经验中所得到的结论，不能代表全部事实。不过，至少在某种程度上是有根据的。再者，也有很多人听从我的建议而得到不错的成果，所以应该也不至于让你们感到太失望。”

“了解！学长你又不是心理学家，我们当然也不会抱怨什么。”

维珍的俏皮话，让两人都笑了起来。

“加强记忆力的方法，我从高中时期就开始研究了。尤其是上了大学以后，看到许多很会念书的同学，也借由当家教指导学生之际，再次巩固活用自己所学的知识。不管怎样，确实有很多人都不懂得如何掌控自己的记忆。”

“我们也是其中之一吧？”

维珍的反应，让J摇了摇头。

“那倒不见得，以你的程度来说，算是很不错了。我先说明，记忆可分为短期记忆和长期记忆。就是STM（Short Term Memory）和LTM（Long Term Memory）。短期记忆因人而异，差别很大，这是无可奈何的部分，也可以说是先天的问题。当然，也有一些方法可以训练短期记忆，但这些训练法说白了，也是利用记忆的原理，让记忆能保存的时间较长而已，而非让记忆力增强。

“不管怎样，这种强记下来的短期记忆，只要时间稍久就会忘记。譬如，为了上台演讲而努力背下来的演讲稿内容，一旦演讲结束，就很快会从脑子里抹除。那么，该如何做才能记得久一点呢？怎么样才能让消失在时间大河里的记忆,能更鲜明、更准确地保留住呢?"

"我想知道的就是这个记忆的魔法!"

两人对能增强记忆力的方法，非常有兴趣。

"坦白说，你们那么想得到的答案，其实早就已经知道，只是还未能领悟罢了。"

"咦，什么意思啊？怎么说我们早就已经知道了呢？如果已经知道的话，我的人生应该有所不同才对啊。"

维珍和瑞娟对J出人意表的说法都感到很惊讶。J一副早已料到的样子，呵呵笑了起来。

"那是我们做科学家的人,在解决问题时常用的方法,十分有效。从其他已有答案的类似问题，倒推回来的方法。因为核心原理大都一样，在过程中多多少少都能找到重要的线索。你们和我想要的，不就是能长久记住的方法吗？那么我们就来分析一下，在什么时候、什么情况下，最能记住。"

"果然很科学！学长这是要从我们最能记住的情况来解开记忆的秘密吧?"

"是的，没错！我想问一个问题，看看维珍你知不知道答案。"

维珍用力地点头。

"维珍，你上星期记得最清楚的是哪些事情？按顺序一件件说出来吧!"

维珍仔细地回想。

“等等喔！嗯，最先想到什么呢？首先，有个人气歌手结婚10余年了，却没有人知道这个事实。我记得看过这则新闻。有个我兼职时认识的朋友打来电话，说举办礼服秀时有客户投诉，这让她觉得很冤枉。明明不是我朋友的错，所以那个朋友哭着向我诉苦。

“我记得，自己当时也很激动，跟她说了很多话。还有记得最清楚的是，学长这几天跟我说的10分钟的魔法。我都记在这本笔记里，今天早上也还看过一次呢。”

维珍拿起笔记本笑着说。J也了然地点头笑了笑。

“不愧是维珍，果然已经知道我所谓‘记忆的魔法’中的大部分内容呢！”

“真的吗？如果真是如此，那我从前不就过得太冤枉了嘛！”

维珍一面抱怨，一面怀疑自己真的知道答案吗。如果自己早就知道，应该会考上更好的大学才对啊！如果在大学里很努力用功的话，也应该能进入更好的企业才对。她实在无法相信自己已经知道正确的答案。

“我先把你记住的事情分析一下，听好喔！第一，你平时对演艺界的八卦很有兴趣。尤其看到自己喜欢的艺人的相关报导后，竟然还能在一个礼拜后复述出内容。第二，你对和你业务相关的客诉内容很容易激动，感到很生气，也有很多话要说。这就等同你和朋友分享了自己的想法，并且在脑中记了下来。当然这里面也包括对朋友的不平之冤感到愤慨。第三，你会将自己感兴趣的内容在笔记本里写下来，每天早上看一次。这么做的同时，也牢牢地记在脑中。”

“哇，好神奇喔！整理成三大项之后，似乎就有规律可循了。”

两人都觉得J的分析结果很有意思。

加强记忆方法之一——兴趣烙印法

“好，现在正式对于我所发现的‘记忆的魔法’，也就是记忆的原理，做一个说明。对于长期留在记忆里的东西，我以‘记忆的烙印’来表示，这也是记忆魔法的一个核心概念。

“什么意思呢？就是说，不仅仅是将记忆从时间的大河里捞了出来，还干脆就把它烙印在脑中。一个人如果不刻意去记住什么的话，大部分都会像刚才所说的一样，马上就忘光光。但是，如果是自己有兴趣，或乐在其中的事情，则会记得很久。

“就拿维珍刚才所说的，听到某个人气歌手隐藏已婚事实的报道，她受到了很大的冲击为例来说明吧。维珍八成会把这个消息告诉每一个朋友，而且还会加上自己的看法，这就叫作在记忆中烙印，也可以称为‘兴趣的烙印’。如果把这种方法运用到记忆上，那该怎么做呢？”

维珍想了想，带点犹豫地回答。

“如果按照学长所说，我们有兴趣或乐在其中的事情，就很容易记得住。那如果我想要记住某件事，岂不是必须感到有兴趣才行，而且还得是自己津津乐道的事情？我如果是演艺系的话，或许很容易。但如果是英文系或数学系的话，那可就难了。”

记忆
是知识的唯一管库人。

“嗯，维珍说得没错！如果是自己真心喜欢，又觉得很有趣的事情，就会比别的事情容易记住。但就如维珍所说，如果是自己讨厌的事情，就很难转为喜欢。所以我还得到一个结论，那就是如果我想有好记忆，又想获得成功的话，干脆就把自己平素所喜欢又能乐在其中的事情，当做人生的目标。如果能一直做着自己喜欢的事情，久而久之，就能发挥出连自己都不知道的能力呢。

“一般人，尤其是学生家长，大多都小看了这件事的重要性。想要充分发挥出自己的能力，就必须选择自己喜欢或感兴趣的方向走。这和单纯的‘要求’或‘努力’的层次完全不同。”

“好神奇喔！我也曾经有过类似的想法，听了学长的话后，才发

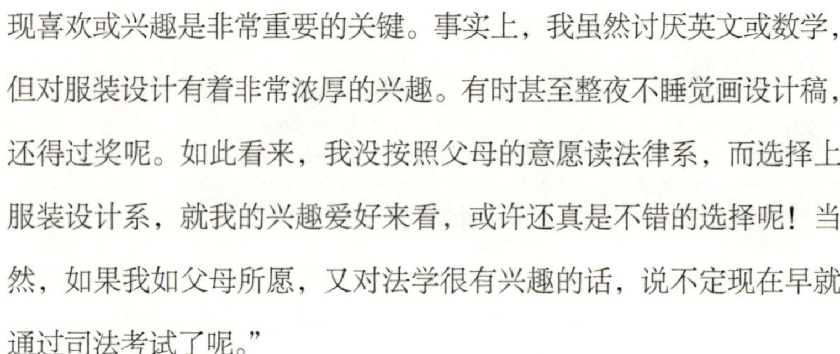

现喜欢或兴趣是非常重要的关键。事实上，我虽然讨厌英文或数学，但对服装设计有着非常浓厚的兴趣。有时甚至整夜不睡觉画设计稿，还得过奖呢。如此看来，我没按照父母的意愿读法律系，而选择上服装设计系，就我的兴趣爱好来看，或许还真是不错的选择呢！当然，如果我如父母所愿，又对法学很有兴趣的话，说不定现在早就通过司法考试了呢。”

J 对此多少感到有点意外。

“原来你也有读法律系的想法啊？其实，兴趣虽然是成功的第一大关键，但也不能说没兴趣就做不好，只不过从事情的成效或记忆过程的效率来看，选择有兴趣的领域会更好。”

瑞娟笑着开口道。

“听起来，教授您似乎是说，即使维珍想去读法律系，您也有秘诀呢！”

瑞娟一语道破，J 点了点头。

加强记忆方法之二 —— 讲故事烙印法

“当然有啊！我有个方法，让人不管是哪个科目都能学得津津有味。不过，刚才我也说过，有多少效果是因人而异。”

“什么样的方法？”

维珍和瑞娟异口同声地问。

“就是把内容转化成有趣的故事，那么不管你学的是哪种科目，都会激发你的兴趣。这和读历史专业很无聊，但历史连续剧或电影却很有趣的道理是一样的。”

“故事吗？转化成什么样的故事啊？”

维珍想到了白马王子打败怪物拯救公主之类的故事。

“把内容转化成故事，就是说将书里的片段，衍生出具体的情境，成为足以刺激我们情感的故事。例如，背英文单词时，和单纯的背诵相比，将那些单词编成一个故事去背的话，一定记得更牢。所以有人才会利用热门音乐或连续剧里的台词学习英文。

“还有，刚才举例说的历史，在学习的时候，不要把个别的史实像记密码一样背诵，而要像在看连续剧一样，把一段段历史串成故事情节。如果有必要,也可以自己编个故事放进去,来连接整段历史。

“维珍想读的法学也一样。比起单纯而机械地背诵法律条文，一面看判决案例，一面在脑中想象依当时情况适用何种条文，像解谜一般层层剥丝抽茧，反而更容易理解。像这样编些有趣的故事来记的话，会比其他方式更容易记住，也记得更牢。这个方法就叫作说故事（Story-telling）记忆法。”

“哇！不管是什么，只要编成故事的话，就能既轻松又有趣地记下来，是吧？”

维珍和瑞娟在笔记本上记下“故事”这个关键词。J 突然灵光一现。

“以前不是常玩这种游戏吗？就是把数十个单词排在一起，按照顺序背下来。”

“有啊有啊！可是我的记忆力不好，每次都输。有时候，看到那些很会背的同学，真是羡慕死了。”

维珍摇了摇头。

“举个例子来说，一串以‘青蛙—手套—兔子—狐狸—狼—熊’这样顺序排列的单词，不要硬背下来，而要用‘青蛙跳进了手套的家里，兔子也跟着进来。狐狸和狼挤啊挤，好不容易才钻进来。之后，熊也想进来，让大家都吓了一跳’的方式记忆。像这样编个故事的话，脑子里就会联想起动物们挤进手套里的样子，就能轻易地按照顺序记下来。”

“可是，兔子、熊怎么可能钻进手套里面呢？这个故事是不是太牵强了？”

维珍脸上一副大惑不解的表情。J 呵呵笑着回答。

“这个故事可是出自小朋友的童话故事书里的，正好也让我们回到小时候，也像孩子一样，发挥无限的想象力，天马行空，这样故事内容也变得越来越丰富。这就没有什么不可能的事情。”

“哎呀，我的脑袋越来越僵化了，难道是我变得越来越理性的关系？连熊也进得去的巨大手套，为什么我就想象不出来呢？”

维珍对自己已经失去孩童般的赤子之心感到惋惜，搔搔头，嘴角微微抽搐着。瑞娟接着说：“我在电视上也看过像教授您所说的，能将单词或数字一个不差依序背出来的人。那时候似乎也听到那个人是采取某种原理的记忆法。好像是联想记忆法吧？反正就是类似的方法，也是用一个故事把所有单词或数字串连起来。”

J 同意瑞娟说的话。

“没错，没错！事实上，擅长这类记忆的人，也很会编故事。一个人如果能编有趣的故事，不管什么都能背得出来。就连化学课上复杂的元素周期表也不例外。我之前还看过以动画歌曲来背诵周期表。这对学生来说，真是一种很好的尝试，让学生可以少花点力气去编故事。”

“啊，真的吗？我高中的时候，为了背那个，还真吃了不少苦呢！如果我们那个时候也有这种歌的话，要背下来就容易得多了。”

瑞娟也一脸怅然。J 笑着点点头。

“像这样，如果想牢牢记住什么的话，只要感兴趣或编成有趣的故事就行。因为我们想要的，不是单纯只用来应付明天的考试，而是要实际记下来活用在日常生活上。”

“嗯，我也这么认为。应付考试的学习，不是人生真正的学习。既然如此，兴趣就成为学习上的必要因素。”

瑞娟点点头，对维珍的话深表同感。于是 J 针对“记忆的原理”继续说下去。

加强记忆方法之三 —— 压力烙印法

“那我接着说明第三种记忆方法。还记得刚才维珍说过的，她的朋友遭到客户投诉的事情吗？这就是第三种记忆方法：压力烙印。

这是有科学根据的，詹姆士·麦可考夫博士（Jamed McGaugh）研究记忆时，也曾经做过介绍。

“麦可考夫博士说，我们脑中的‘杏仁核’（Amygdala）会发出烙印事件的信号，而精神上的压力则能刺激这个部位。根据他的研究结果显示，当我们紧张或兴奋，又或是惊慌失措时，大脑所产生的压力会促使我们牢牢地记住当时的情况。而根据我们自己的经验，不好的事情会比好的事情记得更久，两者道理相通。”

“我也有很多类似的经验。有一次我朋友见了我就说：‘维珍看起来很憔悴。’从那之后，每次要和那个朋友见面，我就一定会先看看自己的脸色才出门。”

维珍想起了以前的事，边说边用手拍拍脸。

“没错！导致你心情不好的事，或惊慌失措的情况，都会诱发精神压力，从而在我们的脑中深深地烙印下来。为了提高记忆力，有时我们也会使用这种压力法。我有个学长，只要有访谈或邀稿，完全来者不拒。如果在正常工作之外，还要同时处理这些事情的话，一定会有很大的压力，但这位学长却反过来利用这种压力。他说，就是要有这种刺激，才能让自己精神更集中，比别人更努力，以免落后于人。”

瑞娟惊讶地张大了嘴。

“真是一个了不起的人！如果是我的话，一定会用各种各样的借口来逃避。这位学长却让自己处于一种难以逃避，必须集中精神的状态下呢！访谈或邀稿这种事情，如果找借口的话，那可就糟糕了。”

J 接着继续解释压力烙印法。

“是啊！那个学长和常人不同，非常享受压力。不管怎样，如果我们想要集中精神，以期达到更好的记忆效果的话，多少还是需要压力的。而我最喜欢使用的方法就是‘发表给别人听’。

“如果想要发表给别人听，首先自己就会变得很紧张，精神很集中。在发表的过程里，这种紧张的情绪就会刺激大脑，诱发压力，将要发表的信息烙印在记忆里，这和单纯的‘硬背下某些内容，上台发表’完全不同，会诱发出更高层次的压力。

“换句话说，这种概念不是要一个人口里念念有词地反复背诵，况且这样也不见得就背得全，而是要用脑子整理出思考的体系，才能条理分明地讲解给别人听。你做过就知道，听众越多，冷汗冒得越多，就越会诱发出更大的压力。但当发表结束，得到听众的认同后，从中产生的精神宣泄（Catharsis），又是很庞大的。这又被称为‘发表式记忆法’。我觉得你因为客诉事件，和朋友两个人一起生气，又劝慰她的事情，就是这种‘压力烙印’的好例子。”

“难怪！听了学长的话以后，我突然想起以前上学时的事情来。只要有同学问我问题，就算我不知道，也会想办法告诉对方答案。我比较好强，所以就会去查参考书，或问过老师以后，再仔细地说给同学听，这真的很花时间。然而，这些好不容易了解后说给别人听的问题，确实能记得比较久些。甚至在高三时解给同学看的方程式问题，有些到现在我还记得。”

维珍的语气里充满感叹。

“就是这个！维珍也有同样的感觉吧，这和单纯的背诵，层次完全不同。”

维珍对 J 的话虽然深有同感，但仍有些不解之处。

“可是，我们怎么可能对所有的事情都集中精神去发表呢？也没有可发表的对象啊，而且也太花时间了。”

对于维珍的疑问，J 点了点头。

“的确，我也觉得这太费时了！关于在别人面前说明或发表这部分，说来话长，我待会再解释，我还是把记忆的原理先讲完再说。第三种记忆法便是‘反复烙印法’。

“不管使用何种方法，只要是我们努力想记住的东西，都会毫无例外地在遗忘的魔法下，如同达利的画作一般，随着时间的流逝，融化在记忆的彼岸。如果想让记忆重新回来，就必须掌握记忆融化的时间点。如果把时间当成 x 轴，残存记忆当成 y 轴，形成一个函数，这就称为‘遗忘图表’或‘遗忘曲线’。”

“学长真是不脱科学家本色，我一听到‘函数’这两个字，头又开始晕了。”

维珍摆了摆手，摇摇头。

“人们把函数想得太难了，其实，这是一个足以说明世上许多现象的超级概念。也可以说这就像一个‘放入 A，能得到结果 B’的魔术箱子，只不过这个魔术箱子要成为真正的函数，放入 A，就一定得出 B，而不能出来 C 或 D。”

“哈哈，真是有趣的比喻！函数竟然也能这样说明。”

维珍的表情又开朗起来。

“遗忘曲线的概念，是由德国心理学家艾宾浩斯首度提出的。根据他的研究显示，一般来说，学习的内容只要超过一个小时，就会忘记 50%；过了一天，则会忘记 70%；超过一个月，会忘记 80%。”

“怎么会！那不管我们多努力用功，过了一个月以后，不就几乎什么都忘光了。”

维珍和瑞娟异口同声失望地抱怨。

“然而有位名叫布赞（Buzan）的学者却又提出一个有趣的事实。如果把开始一个小时内所学习的量当作 100 的话，一天之后，虽然忘了 70%，但只要再花几分钟时间温习，就足以回升到 100。”

“这还真是创新的概念呢！那么只要每天不断地花几分钟的时间复习，不就行了？”

维珍对此无法不感到讶异，如果只需要几分钟的时间就行，那是很值得投资的。

“不过，这都是学者们说的，这种实验大多是以自己和周围的人为对象来研究的，如果拿来套在一般人身上，还是会产生较大的偏差。不管怎样，重点是遗忘曲线适用于任何人，而克服的方法便是利用较短时间复习或反复。我之所以用‘反复’来区分‘复习’，原因在于复习这个词似乎只着重在学习上。但我们不是想学习所有的东西，只是想记得久一点罢了。”

“说的也是！把所有的事情都和学习联系在一起，似乎有点勉强。”

维珍和瑞娟同时点了点头。

“遗忘曲线的理论，很久以前便有了如此丰硕的研究成果，我对此十分认同。那么现在我就正式提出利用遗忘曲线和反复烙印的方法。事实上，花了一个小时的时间读完的内容，要在几分钟里面重新看完，这本身就是不可能的。所以，我就想到了一个确实能在几分钟内复习完的办法。”

“什么样的办法？像我这样做笔记就行了吗？”

“答对了！就是这样！就是将所学或所听到的内容中想记住的部分，另外整理出来。那么，只要反复阅读那些部分就可以了。要记住这些，只需要花几分钟就够。再者，每次反复看的时候，都会比第一次反复时，在脑中记得更久。所以只需要反复几次，至少就能在脑中记得超过一年以上。”

“哇，真的好神奇喔！那学长反复过几次？”

“我把‘10 的原则’也用在了这里。因为如果要学的东西很多，一一用笔记下来，也不容易。所以以前念书时，第二天我都会花 10 分钟的时间复习。然后在 10 天之内再复习一次，过了 100 天左右，再最后复习一次。如果你觉得 10 天不容易记起来的话，可以以类似的方式，像是 1 个星期、3 个月都无所谓。重要的是，绝对不能超过这个标准。而且，在第二次和第三次复习的时候，因为范围变大的关系，所以要舍得花更多的时间。比起新的学习，这个复习过程更加重要。前面提到过的我们班副班长，他还有一个问题，就是看了太多参考书。如果一直不停地有新的学习资料登场，他就很难有时间好好复习。”

“确实如此！每次都要做新的习题，一定得花很多时间。”

“虽然接触新的问题类型很重要，多多解题也不是坏事，但要做到我刚才所说的反复烙印，这就很难了。由于功课量太多的关系，所以我用最多的方法便是纠错笔记。”

“考试达人常用的纠错笔记！如果是我的话，做错的题目太多，八成得把整本题库里的题目全都剪下来贴在笔记本上。”

维珍做出用剪刀剪的样子，开着玩笑。

“我也觉得把题库里的错题剪下来，不是那么容易的事情。不过，我教学生的时候，常常强调解题前，一定要先搞清楚命题者的意图。”

“学生怎么知道老师为什么要出这道题呢？”

维珍不解地反问。

“越是重要的考试，命题者对每个问题就越慎重。也就是说，这些题目是命题者们花费时间努力分析的产物。单纯来看是一道题目，其实这道题目却包含着命题者想测验出某种概念的用意。

“我也曾经和命题者一起被关在命题中心好几个星期，他们真的是在难以言喻的苦恼中才想出一道题目来。而且并不是把题目想出来就完事了，还得对其他命题者们一一说明，为什么出这道题目，各个选择是基于何种原因，抑或想测试出什么概念，这些都必须得到认可后，这道题目才能算正式的试题。”

“哇，原来出题人这么辛苦，我都不知道！听起来还真是一件苦差事呢！”

“因此，如果我们能以命题者的角度来看每道题的话，反而更容易弄清这个问题的原理。上课也是一样，虽然说，课前准备是一定要做的，但还是要想想老师会怎么授课。如果没时间多想的话，从侧面去观察教授们授课的方法究竟能让我们理解到什么，这也是一种策略。”

“上课应该算是另一种问题吧？对课程完全还没有概念时，怎么去分析教授的授课呢？”

“这和解题没什么不同。你可以去揣测观察老师上课的方法、上课的流程，还有举例说明的内容、教科书里又是如何解释对应部分等等。重要的是你可以想象，如果是我来授课的话，我该如何以不同的方式来讲解。这么一想，就会发现与只是单纯听课来比较，真是天壤之别。”

“那学长就不用纠错笔记喽？”

“我也用纠错笔记，只不过有些不同，我不会将错题贴在上面，只把参考书和教科书里重点的部分另外抄下来，或者写在便利贴上。我的反复烙印，便是以重点参考书为主进行的，因为重点全部都在那里面。”

“啊，学长的学习方法，真是一目了然。如果不断复习重点参考书的话，不管怎样，实力都会慢慢提高。”

维珍点点头。

“是啊！至少不会像我们班的副班长一样，只知道解新参考书里的题目，却连自己搞懂了没有都不知道。”

“不管怎样，我似乎已经了解学长的读书方法了。果然，成绩好的人，读书的方式也跟别人不一样。”

“我上学的时候，看我周围的同学，除了少数天才之外，大部分人似乎都是采取这种方式学习。所以你们就相信我一次，试试看吧。”

“是，我们一定会试试看。对了，刚才教授说，通过发表的方式来记忆的方法，究竟该怎么做，可不可以再说一次？”

瑞娟似乎对发表式记忆法很有兴趣，于是提出了这个要求。

“啊，没错！通过发表方式来记忆的‘压力烙印’，就如字面意义，发表的方式能让自己的精神更集中、更紧张，从而诱发出压力，以便在记忆中烙下印。”

“通过发表来产生压力？”

“通常人都很在意别人的看法，总会想着别人对自己的评价如何，又是怎么看待自己。上课时，如果突然被老师叫到名字起来答题，那种紧张和压力可想而知有多大。搞不好，那时的回答，一辈子都忘不掉。

“反过来说，如果我必须向某人讲解什么时，也一样会非常紧张。不仅如此，期中或期末考试时，苦恼了很久才解出来的题目，也很容易就能想起来。这都是因为紧张、精神高度集中的关系。我当时也很烦恼，该如何才能在日常生活中也保持这种状态。

“而我所想出来的方法之一，便是将我想记住的东西，像进行发表会一般，说给别人听。这个方法是源自于我发现跟朋友说过的话，会长久留在记忆中，这也是我在家时常常用到的方法。”

“如果没有朋友愿意听我发表的话，怎么办？就算有这种朋友，对方也可能不感兴趣啊。”

维珍看看四周，不经意地和瑞娟对上眼，两人相视一笑。

“最好的方法，是和意气相投的朋友一起进行发表式学习。一边学习，一边彼此互相教导。说教导有点怪，不如说讨论吧。当然，如维珍所顾虑的那样，并不是每个朋友都愿意听。如果这样，那就教自己好了。不要随便说说就算了，可以看着镜子教，那就会感到有点紧张了。有空可以试试看，这也是我常用的方法。”

“这方法真有意思，竟然自己教自己。”

“其实重点是，学会了以后，教给朋友或自己。讲解的同时，集中思考，整理思路，以便长久记忆下来。一边看对方的反应，一边将脑中杂乱无章的想法讲解出来，便能将想法系统化。实际去做做看，便能很确切地感受到头脑里所记住的东西变得井然有序。

“这个方法还有一个优点，就是能获得对方的回馈。朋友如果不明白我的解说，提出了质询，那就表示我对那部分的了解还不够。甚至，连我自己觉得已经很清楚的部分，也可能并不真正了解。像这样对朋友讲解并得到回馈的过程，不断重复进行的话，不仅能理清思路，同时还能找出学习的问题所在。

“有句话说，只有深入理解的人，才能以最浅显的方式讲解给别人听。如果是一知半解或才刚学没多久的话，何谈讲解。但若以能正确地讲解出来为目标，而集中精神、不断努力的话，脑中在持续整理所有讯息的同时，也能一点一滴在记忆里烙印。”

“的确如此！从之前学长所提到过的那幅时间的画作来看，有些十分清晰的时钟将会在记忆中留下来吧？虽然摆放得远远的，但还是看得很清楚。”

维珍想象着一个拉长的时钟，再次恢复成圆形的样子。

“没错！只要懂得活用发表式记忆法，一定会有显著的效果。把自己努力学习的部分，讲解给很多人听，并且一起讨论。也就是说，大家一起研究讨论的话，发表内容就会印象深刻。嗯，我今天想告诉你们的话，大概都说完了。哇，竟然已经超过10点了！看来今天我说了太多。”

维珍一面记笔记，一面摇摇头。

“才不会呢！今天真的听到了很多重要的讯息。想想，如果我能早一点学到这些宝贵的方法，一定会有一个不一样的人生。瑞娟你觉得呢？”

“我跟你的想法是一样的。教授教的记忆魔法，将来一定会对我们的人生有很大的帮助。现在，不管是哪种考试，我都不怕了。”

瑞娟露出满足的笑容。

“看到你们想象着未来的模样，感觉真好。如果能从现在开始，相信10分钟的魔法，好好努力的话，你们的未来一定会有很大的不同。不管是从谁那里得到的经验，只要能活用在自己的生活里，并且从中获益，这就成为人生最珍贵的领悟。

“尤其是要牢记前辈们说的话，彻底领悟他们宝贵的经验，才能避免重蹈覆辙，还能得到生活的智慧。今天我跟你们说的这些，就是这个意思。我之所以会把只有我才知道的秘诀告诉你们，就是因为确定这对你们现在才要开始的人生会大有帮助。不管怎样，两个人都好好地听进去了，我觉得很欣慰。”

维珍合上笔记本，带着豁然开朗的表情对J说。

“我们才应该感谢学长呢！可以长久保存记忆的三种记忆魔法，我们绝对不会忘记的。第一，兴趣的烙印。有兴趣，并乐在其中。编故事是一种很好的方法。第二，压力的烙印，也可称之为讲解的烙印。通过讲解或发表的方式，诱发紧张感。第三，反复的烙印。考虑到遗忘曲线的存在，通过周期性地反复学习，将知识烙印在脑海里。如果有什么重要的或想记住的事情，只要好好记住这三种方法，并且加以活用，就能让这些事情不至于跌落在时间的大河中随之流逝，而能烙印在记忆里。”

“没错，没错！希望能对你们有很大的帮助。对了，后天就要考试了吧！该好好用功才对，今天我好像说得太多了！”

J突然想到这点。

“啊，著作权法考试吗？反正没有分发教材给我们，也没法自己看书。真的感谢学长的指点，我们会利用学长教给我们的方法，努力不要成为‘遗忘的魔法’的牺牲者。”

维珍说完，瑞娟也跟着说。

“从现在开始，我们得做个发表会，彼此教学相长地研讨。例如，我对法律比较了解，便负责法律条文方面。维珍口才比较好，就负责违反著作权法的案例研究。我还想到，干脆来演一出连续剧算了。同时，充分活用笔记，到考试那天可以拿来复习。”

瑞娟同时晃动着笔记本和手。看着两人满怀信心的样子，J心里也充满兴奋。

“光听你们这么说，就知道不用担心考试了。我想，这大概就是公司所期望的人才吧。不是一个在单一领域拥有很多知识的人，而是对理论能充分了解、思考，并活用在实际业务上的人！你们两人一起用功，彼此讲解给对方听的话，效果一定很好。

“如果时间不够的话，就按照瑞娟所说的，也可以两人分别负责。这样一来，扮演听众的人同时也要在心中要想着如果是我来讲的话，要怎么说。换言之，把自己当成学生来评价老师的授课。”

“哦，学长的意思是我们彼此会对对方所负责的部分，站在批评的立场仔细聆听，同时思考如果是我的话会怎么讲解，对吧？”

“没错！虽然好像是要在朋友的讲解内容中找碴，不过事实上，这种方法是很必要的。如果有能力评价朋友的授课方法，就会发现，所有内容就像自己直接讲解过一般，已经深深地烙印在记忆里了。”

“从今天晚上开始，我们马上就试试看。后天的考试，我现在也不怕了。只要想到身边有这么一位优秀的讲师，我就萌生出一股力量来。今天也耽搁了学长太长时间，真的太感谢你了。本来说好的10分钟，每次都拉长到30分钟甚至一个小时！”

“其实，这也是10分钟魔法的重点。每天坚持最少10分钟，这是最重要的一点。只要开始做，就会产生想要更努力的决心以及成功的机会。今天你们花这么长的时间听我说话，辛苦了，祝你们俩都幸运！”

“谢谢你，学长！”

“感谢您，教授！”

三人道别后，便起身离开。

和J见面之前，对考试的担忧像块大石般沉重地压在两人心上，然而她们现在的心情则完全不同了。根据记忆的原理而来的记忆魔法，让维珍和瑞娟重新找回自信，脚步轻快地走回宿舍去。

“今天我们真的学到了很了不起的东西，对吧？”

瑞娟把手放在胸口上，兴高采烈地说。

“你才知道。我这几天每天都沉浸在这种感动里呢！我的学长真的很厉害吧。如果是我们的话，一定只会安于现状过日子。他却会因为自己好奇，努力去把原理和证据找出来。”

“对啊，我也有这种感觉。像10分钟的魔法，还有今天听到的记忆的魔法，真是有很多值得我们学习的地方。”

维珍像突然想起什么一般，在膝盖上拍了一下。

“哎呀呀，我有事要问学长，却一下给忘了，我们结业考试的最后一道题！”

“啊，那道‘S企业最有价值的是什么？’说的也是，刚才如果向你学长请教的话，说不定能从更宽广的视角，得到一些指点呢。”

“说的也是！我今天白天的时候还在休息室里查询了S企业的网页，但没看到什么特别的内容，只对创办人的介绍比较有印象。”

“内容说了些什么？类似创业神话之类的故事吗？”

“不是，不是那种东西！创办人认为这家公司的主人是公司员工，所以会无条件把公司股份分给新晋员工。也就是在分发工作证的同时，也会提供一定的股份给每个新晋员工。我觉得虽然公司给的股份不多，但却是一种象征自己是公司主人的仪式。这些虽然在网页上的公司简介里就看得到，却让我印象特别深刻。”

“这么说起来，你觉得这家公司最有价值的会不会是员工？公司原本就是为了股东的权益而努力的，如果员工成为股东的话，公司就等于是为了员工而努力，这个道理成立吧？”

维珍也点点头，同意瑞娟的看法。

“啊，从这个角度来看的话，也很有可能。公司为股东努力，而员工是公司的股东，似乎没错！我还没想到那么多呢。果然集思广益会比自己一个人埋头苦思，思考范畴要大得多。”

“没错！之前你说过的，打破过去框架的脑力风暴！我们这样交换意见，确实能刺激彼此的想法，产生出新的创意来。”

瑞娟的话让维珍再度领悟到，打破因为过去的框架限制所造成的思维藩篱，有多么重要。当然，这个过程可以靠对话、讨论、发表来达成。

“那么对于著作权法，我们也可以按照刚才说的方法，分别以不同的角色，互相交流，或许能将脑子里的思路整理得更顺畅。”

两人在宿舍中，一直讨论到深夜。

维珍的笔记

- 遗忘的魔法，会让我们遗忘掉所看到、所听到的东西。
- 我们的记忆分为短期记忆和长期记忆，为了达到长期记忆的效果，可以活用记忆的原理。
- 记忆的魔法乃是凭借记忆的原理来超越时间：

1. 兴趣的烙印——要感兴趣，并乐在其中。编故事是一种很好的方法。
2. 压力的烙印——来自紧张和精神压力的记忆。也可称之为讲解的烙印，通过讲解或发表的方式，诱发紧张感。
3. 反复的烙印——考虑到遗忘曲线的存在，通过周期性地反复学习，将知识烙印在脑海里。

Chapter7

别忘了挪出时间关心你珍爱的人

培训的最后一天，讲师需要各组发表对公司未来规划的企划书，维珍自请当组长，她活用学长传授的时间的魔法，使所在的小组得到讲师的最高评价。随后在与学长的约会中，学长提到了“时间共享”，也正是因为每个人各自的经验，汇聚在公司这个框架内，发挥出协同效应，才赢得了讲师的好评。

课程的第五天，也是上课的最后一天了。上午上的是简单的瑜伽以及让受训生消除紧张的放松课程。中午用餐后，下午的主题是“企划小组角色扮演”的课程。受训生共分为5个团体，各自组成企划小组后，再分组发表对公司未来规划的企划书。

小组讨论得到讲师的最高评价

各组首先选出组长和副组长，然后开始讨论，等汇集完组员们各式各样的创意后，再提出公司未来发展的方案。

维珍想起了这几天学长所说过的话。

如果个人会受困于时间的魔法里，那么企业也会面临同样的情况。那我把自己克服时间魔法的方法，提出作为企业克服时间魔法的方案看看。

维珍对发表内容有了信心之后，就自请担任组长。她先假设企业陷于发展停滞的现况，再提议成立一个能克服此情况的10年发展计划。首先要就这个10年计划做出一个中长期的进程图，再引导各组员根据自己的专长，提出发展方向。

组员都同意维珍的提案，各自按领域不断地提出多样性的方案。

先做出中长期计划，再立下今年和明年能达成的10项具体细化计划。

与旁边茫然不知所措的其他小组不同，维珍所属的小团体正进行着热烈的讨论。经过一个小时充分的准备之后，维珍的小组得到讲师最高的评价。

啊，原来如此！不管是个人或企业都一样会受困在时间的魔法里。企业总执着于一年的销售额，见树不见林，如果遇到对未来缜密规划的竞争厂商，很容易便会被超越。

不知不觉中，维珍便将之前从J那儿听来的内容，套用在自己所追求的业务上。当维珍意识到此点的时候，不禁感到十分骄傲，也暗暗希望自己的成绩能因为今天的发表成果，稍微拉高一些。

这样子不知道能不能拉高到录取范围内？但愿会有奇迹发生。

维珍心里期望今天自己积极活跃的表现，能给讲师们留下深刻的印象。接下来的时间，便是先前所预告过的，著作权法的准备时间。虽然是自由参加，但大部分受训生都选择留下来。讲师分发教材后又再次宣布，有3个小时的准备时间。

维珍坐在位子上，很镇静地把书本再度浏览了一次。

维珍尤其着重于案例方面，对于必要的内容，也按照记忆的魔法，尝试编成十分有趣的情景。例如在违反著作权法的案例中，维珍便将情况代入自己所熟知的小说里，以故事的方式串成连续剧的剧情。

然后再将专有名词记在笔记里，并将这些专有名词编成带有韵律感的短歌谣，便于背诵时能具备视听上的效果。这时，维珍才发现用这种方法读书确实比想象中还容易，也更有趣。

所谓记忆的魔法，竟然是这么简单的事情。编成有趣的情景，熟悉概念之后，很快就能记住。

维珍慢慢产生了自信心，尤其是前一天晚上和室友瑞娟一起做过发表后，对此更容易理解，也更有效地牢记在脑中。维珍觉得自己已经将著作权的相关内容都完全记住了，心里感到很踏实。于是便打开常识教材。这是一本最新出版的时事常识集。为什么要教我们学习这种东西呢？脑中突然想起学长的指点。

学长说，不管何时，都要先考虑出题者的意图。现在是针对时事的常识，对了！如果我们要规划未来，就必须对目前有充分的了解。因此，就必须以世界局势、经济、文化方面的知识为基础，才能为国际性企业的S公司找到未来发展的道路，这就是其意义所在！

这是展望S企业的未来，所应具备的时事常识。维珍对于学习时事常识的必要性有了个人独到的看法后，就打开书本，开始用功。尤其对和S企业目前情况相关的信息，维珍更是用心钻研。接着转向练习题，她也按照学长所教授的反复烙印解题法，做了很多记号。

维珍自己也很惊讶，虽然考试在即的紧张和压力多少有助于精神集中，但没想到自己在短短的3个小时里，竟然能读完2本厚厚的教材！

这段不算短的准备时间转瞬即逝，受训生们都恨不得能多看一个字。讲师收回所有的教材后，祝所有考生好运，便走了出去。教室里叹息声此起彼落。

不知何时，瑞娟走到正在整理笔记的维珍面前。

“复习得还可以吧？”

“昨晚从学长那里学到的记忆魔法，真的很有帮助。我从来不知道自己能在3个小时当中，发挥那么大的专注力。一个一个按照记忆魔法记下来，真的很有意思。”

维珍对自己从未察觉的专注能力赞叹不已，瑞娟也跟着附和。

“说的也是，我也好久没看书了，读得好顺，感觉就像专门在家接受辅导过一样，我真的好感谢你的学长！”

3个小时的复习，两人都感到无比充实。维珍觉得自己今天的表现不错，考试准备得也很充足，心中便隐隐期待明天考试的到来。

“对了，维珍，刚才的发言，你表现得太棒了！就像已经准备了好几年的人一样，连讲师们都一副惊叹的表情。”

“谢啦！我只是想到把发生在我身上的变化，套用到公司上罢了。10 分钟的魔法真的很了不起！”

“对了，今晚我们也来一场发表会吧？吃完晚饭以后，在宿舍见。”

“今天我们小组的人约着一起聚餐，算是对我们拿到第一的庆祝。我是组长啊，也觉得应该要庆祝庆祝，给彼此打气加油！吃完饭，我马上回去。”

维珍和瑞娟分手后，便走向和组员约好聚餐的地方。那是位于度假饭店前面的一家韩国料理店。晚饭后，大家又一起去喝酒，维珍难得听到大家说了好多故事。

这些同学都是花了很长时间的努力，才得以进入大企业的人。他们大部分都是精英人士，但同时心里也有很多烦恼。维珍把时间的魔法告诉他们，大家都睁大了眼睛，一副深感兴趣的样子。最后还有人拜托维珍，一定要把整理好的结论告诉他们。3 个多小时的结业聚餐结束后，维珍马上跑到咖啡馆去。

突然间，有人喊住了维珍，原来是同一个小组担任副组长的建宇。建宇是一个十分有亲和力的人，就算是初次见面，也很容易和人打成一片。今天的讨论中，他也很真诚地支持维珍的提案，在维珍带领组员各自分工之际，给予很大的帮助。

“等等！我也一起去。那位学长说的话，我也想听。当我听到你说起时间的魔法之后，我似乎也领悟到什么。拜托拜托！”

维珍心想，不愧是建宇！对着恳切望着自己的建宇，维珍点了点头。

“好！看你那么专注地在听，我就知道你一定会有兴趣！我想，学长一定也会很高兴的。”

“哇，这下连我在内，就有弟子三人了！时间的魔法真是吸引人啊，相信在不久的将来还会吸引到更多的人。”

维珍灿烂地笑了起来，望着兴高采烈的建宇，心里想着，这个人个性真开朗，朝气蓬勃，拥有轻易和人混熟的特别魅力。两人愉快地边走边聊，走回了度假饭店。当然他们也没忘记先用休息室前面的计算机，确认今天的成绩。维珍看了成绩之后，脸上略显失望。接着，两人就直接向咖啡馆走去。先抵达的瑞娟正在和学长说话。

“今天是最后一夜，我和同期同事们办结业聚餐，一起去吃饭，所以稍微来迟了。对了，我们小组今天拿了第一名，这位是被寄予厚望的副组长李建宇。”

“教授，很高兴见到您，久仰久仰！今晚聚餐的时候，我们维珍组长所说的‘时间的魔法’成为最受欢迎的话题。因此，我就厚着脸皮跟来了。”

“我也很高兴认识你！大家都放轻松，喊我学长就好，这样我说起话来也比较方便。”

J很高兴地欢迎了新加入的成员建宇，然后望着维珍说。

“维珍，你今天看起来十分愉快呢！成绩还不错吧？现在比较有希望了吧？”

“刚刚我确认了成绩才过来的，目前上升了8位，位列32名。今天我觉得自己表现得很好，但这个结果却让我有点失望。但只要慢慢地有进步，我就很高兴了。”

维珍目前的情况还需要多加努力，但脸上挂着笑容，充满自信。

“那就好！今天是培训最后一个晚上吧？过了今晚，明天终审结果发表后，大家就要各奔东西了。不管是通过的人也好，被淘汰的人也罢，大概就很难再抽出时间见面了，毕竟大家都很忙。”

“是啊，应该是这样，所以我今天就很想跟我们小组的同学们聚餐。可是都没有人先站出来说，所以我就自己提议了，幸好建宇也帮着带动气氛，我们聊了许多，后来意犹未尽，还去续摊呢！”

看着维珍兴奋得发红的脸，J微笑着说。

“大家聚在一起聊天，才会发现原来有那么多人和自己的想法不同，毕竟每个人成长的环境或感受都有所不同。就像前几天提到的脑力风暴一样，此时会出现一些在自己思考框架中全然无法想象到的绝妙创意。同时，这也让自己得以跳出思维的藩篱。”

瑞娟对J的话也深有同感。

“昨晚我们聊天时，也发现了这点。或许因为这样，学长似乎从来不会在意和陌生人见面，还很高兴地接受对方，和他们谈话。”

“算是吧！当然，把我的人生经验与后辈们分享，本来就是一件好事。实际上，在这个过程中，听着后辈们所说的话，我也常常能得到一些有意义的想法。对于每个人来说，时间都很宝贵，所以沟通的效果要尽可能对彼此都有帮助。”

维珍听到“对彼此都有帮助”这句话，内心深深被打动了。

“学长的体贴，无人能比，我真的这么觉得。今天要给我们讲什么呢？主题是什么？”

“维珍今天当了组长，变得很积极呢！好，今天就说说时间共享的方法，这对生活在时间魔法中的我们，是非常重要的概念。”

“时间共享的方法？既然提到共享，那就是指很多人共同分享时间的方法吧？”“我的想法是两人总比一人要容易完成。”维珍和瑞娟各自说出自己的想法。

“没错，这个说法十分贴近。那么，我们就来说说时间共享吧。”

与他人之间的时间共享

J 的眼神一边慢慢地扫视着面前的三个人，一边开口。

“每个人都成长生活在相异的环境中，有着自己独特的人生。因此，大家拥有十分多元的想法，并因此采取不同的行动。所谓企业这种组织，乃是很多这样的人聚集起来，像一个有机体一样行动的地方。也就是说，每个人各自的经验，汇聚在公司这个框架内，发挥出某种协同效应，我把这称为时间的共享。”

“您是指众人的时间大家共同分享吗？”

“没错！我的意思就是说，大家以不同的方式各自过着自己的生活，但在此刻交会，合而为一。就像我现在和你们见面，一起聊聊这样。我们彼此的经验互相融合，相互影响。上次脑力风暴的时候，我没有仔细说明，其实那也是通过时间共享，将思考的范畴扩张到极致的一个方法。”

“脑力风暴的效果真是太惊人了！我那时才发现，人们的想法如此多样化，而自己就像只井底之蛙一样。”

维珍想起了几天前的事情来。

“那时我心想，就当作是创意课程的一环，试一次看看吧。没想到这种时间共享的魔法，越常使用，思考范围就会越大。也就是说，越常尝试弹性的思考，以及努力打破思维的藩篱，就能借此变得越成熟，也能得到更多的成果。

“我一个人独自工作时，对此也没什么感觉。但在这里几天的时间，真的有很多的感触。尤其是和瑞娟每晚一起说话，我才真正感受到对话的重要性。”

“设想一下，有个朋友用过一个牌子的东西后发现确实不错，于是便把这个结果一五一十地告诉自己的朋友。那么对方不就可以节省很多时间和金钱，便能享用那份福利，中间只需要经由简短的谈话就够了？这种时间共享，的确就如同魔法一样。”

三人一致点头赞成J所说的这种根据对方的经验，自己得享福利的观点。于是J继续说下去。

“所以，我所使用的方法，便是尽量和别人交谈，就像和维珍每天10分钟的约会之类的这种机会。这类短短的时间，很多人会因为疲倦而想打个盹。而我则是尽可能想办法，和几个人一起喝杯茶也好。

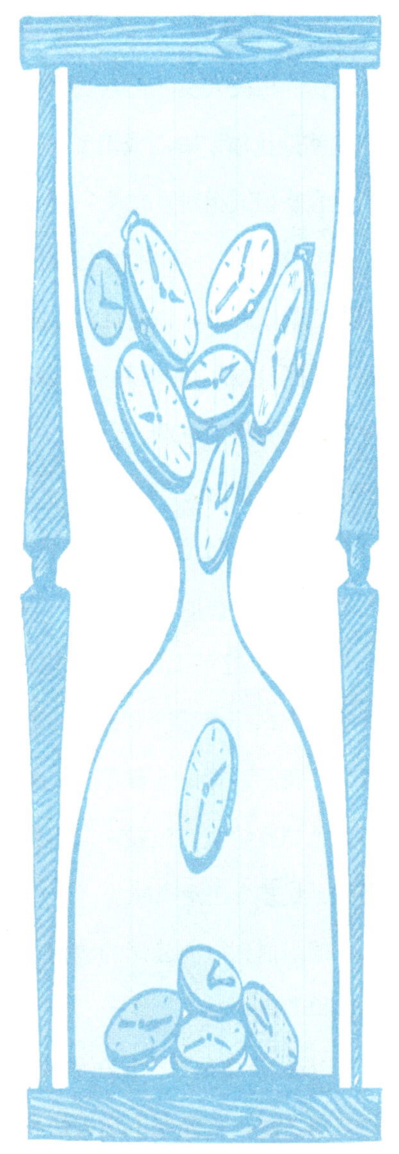

“有时，在业务上需要达成共识的时候，也会向上面提议开个面谈会，让相关人员能更方便地交换意见。有些人会觉得，开什么会，不过就是找借口喝酒或聚餐罢了。其实不然。越舒适的情况下，人们越容易坦诚相对，在业务上分享各自的新创意。”

“没错！我在今晚的结业聚餐中，也有很多的感触。不仅能触摸到人们柔软的内心，而且对他们的看法也变得不同。”

“是啊！那种时间共享，会在我们身上激发非常重要的魔法，不过有一点要特别注意。”

“要注意什么？”

“有些上司会滥用自己的职权，强迫不想来的下属参加，或把自己的想法强加在他们身上。”

“对，在之前上班的公司里，我也碰到过这种上司。明明晚上我有事，上司却突然说要聚餐，要求我一定要参加。对我来说，相较聚餐，我的事紧急重要得多，衡量之下只好不去参加聚餐。结果第二天上司就给我白眼看。搞不好就是因为这种事情太多，不断累积下来，我才会决定离职的。”

瑞娟提到以前公司的事情，眼角变得有点湿润。维珍安慰地拍拍瑞娟的肩。

“没错，就是那样！在那种气氛之下，反而会导致反效果。在时间共享之际，首先要不忘关怀和理解别人！这不只是对同事，在已婚的夫妻之间，也十分重要。”

“连夫妻之间也是吗？”

维珍和瑞娟同时显露出疑惑的表情。

与家人之间的时间共享

“你们三个人都还没有结婚，所以不是很了解。但我相信你们周围已经结婚的朋友中，一定有因为个性差异而离婚，或关系不好的夫妻存在。然而，如果和那些夫妻聊聊，会发现他们大部分都不够尊重彼此间的时间安排，才会导致失和。

爱情，并非是让你折下爱人的羽翼，
让爱人永世守在你身旁。
爱情，是叫你在怀中搭建一个温暖的港湾，
让爱人疲惫时能够在你怀中休息，
从而获得飞向更远地方的力量！

“刚才瑞娟不是提到公司聚餐的事情吗？我认识一对两人都在上班的夫妻，丈夫总是因为妻子要参加公司聚餐而大动肝火。当然，其中内幕我们不知道，不过我认为，如果妻子也是个上班族，本来就该尊重她在那个组织里的生活和时间。结果，最后那对夫妻还是以离婚收场。我们要牢记在心，正如我的时间很重要一般，对方的时间也很重要。”

“如此看来，我周围似乎也有这种案例。不管怎样，夫妻本来就是由两个互不相干的人结合成一个家庭，既然要一起生活，就必须尊重彼此的时间。”

维珍想起自己周边那些婚后生活不愉快的朋友们。

“那当然！所谓夫妻，就是要牵手同行共度余生的伴侣，不是吗？因此这方面的尊重和信赖，就显得更为重要。说到夫妻，我还要强调一点，那就是在尊重对方时间的基础上，也要懂得尊重对方的梦想。”

“所谓梦想，是不是我们这几天在谈时间魔法中，所提到的人生的目标？”

“是的！不管是谁，都需要人生目标，不能以结婚当借口，就将之排除在外。我看过很多人，为了家庭牺牲了自己的人生。还有很多同事把孩子送到国外之后，过着候鸟爸爸的生活，定期飞来飞去。然而他所得到的回报，除了牺牲自己的人生之外，实在不如预期。因此，受到的伤害也更大。”

“可是他们自己却相信，那样的生活，是为了孩子好，那不正是天下父母心吗？”

对于维珍的看法，J 回以淡淡一笑。

“正如你所说的，如果把这样的牺牲视为梦想或目标的话，那也没话说。但是这样一来，就必须忍受在妻儿和自己分开的这段时间里，亲子关系和爱情逐渐变得淡薄。很多人都因为思念，造成身体和精神上的颓废不振。我还看过很多人因为家庭成员的关系逐渐变得陌生而感到绝望。

“假如不想变成那样，候鸟爸爸就不要过度牺牲自己的人生，也要对自己的时间负责。克服时间的魔法，正如之前所说的，首先必须以关怀自己为基础。只要怀抱着自己觉得有价值、能感受到人生意义的那种梦想，也做得到每天努力不懈的话，即使过着和家人分隔两地的候鸟生活，也不会感到那么绝望。”

“啊，也就是说，不能把远居他方的家人拿来当成自己的目标。那样的话，可能就会陷入痛苦绝望的深渊。无论如何，拥有自己的梦想，努力克服时间的魔法，这才是最重要的。就像现在的我一样，冲劲十足。”

维珍一下子握紧着拳头。

“哈哈！既然说到候鸟爸爸，那我就再多说一件事。我自己的育儿原则，其中之一便是必须尊重孩子的时间。”

“孩子也会有时间的概念吗？孩子们没什么人生经验，什么都不知道，父母叫他做什么，就去做什么，这样不是比较好吗？”

“很多妈妈们，或说父母们，都对孩子的时间或人生不够清楚，于是通常就把自己的人生经验套用在孩子身上，那样长久下来，一定会产生副作用。最常见的副作用就是当孩子到了懂得自我思考、判断的时候，过去所累积的不满就会一次爆发。”

“学长的话，让我听了觉得有点可怕。一味站在父母的立场去要求，有一天孩子可能会反抗，对吧？”

“是的！在我周围就有很多这种例子，我来说个真实案例吧。有两个家庭,彼此是堂兄弟的关系。其中一个家庭,在孩子还小的时候，每个周末都会去旅行，平常就一起读书。两夫妻都喜欢看书，难得的是，他们不会强迫小孩子看书，而是制造一种看书的气氛，让小孩子自己去接近书，减少看电视的时间，并且在听音乐的同时，一起看书。

“久而久之，孩子们不知不觉也喜欢上看书。每次去旅行，大家都会畅所欲言地愉快聊天，孩子们的个性也都很积极。而另外一个家庭，孩子们从小就是被参考书、家教围绕，周末也忙着上补习班。上小学时，成绩也确实很优秀，每次家族聚餐的时候，这家的家长就到处炫耀自己的孩子，还信誓旦旦地说，以后要让孩子上医学院，等于是父母已经为孩子决定好将来的路。”

“现在一般的家庭都跟后面那家的情况差不多吧？我有些早结婚的朋友们，他们的孩子也是一天到晚写作业，上补习班。”

“没错！就是因为很多家长都那样做，所以其他的家长才会觉得，如果不跟着做的话，孩子就会输在起跑线上。再加上孩子在补习班已经先学过了的关系，如果只看考试成绩的话，不送孩子上补习班的妈妈们就会觉得，只有我的孩子跟不上。这些都是事实，但我们却不该过度在意这些表象。

“好好想想记忆的魔法吧。反正孩子们所学习的东西，大部分都会忘记。如果不是孩子自己有浓厚兴趣或是有深刻理解，足以用自己的话发表出来的，或者是以适当的方法反复学习的，到后来一定全都忘光了。

“然而，如果从小就只着重填鸭式教育的话，孩子会对学习本身都失去兴趣。不幸的是，这种副作用会在理当更加奋发向上的高中时代开始出现。不管孩子多乖，又多努力用功，一个已经习惯被动学习的孩子，就很难走出自己的路来。我高中班上的副班长就是如此，非常努力用功，却总是事倍功半。”

“这还真是两难。也不能因此就什么都不管，又不能从小就落后于人，让孩子以为自己能力不足，陷落在失败感中。”

“对此，就需要父母好好地观察。我会看孩子做错的题目，如果是单纯的粗心大意的话，就不必苛责，借此也能知道孩子的成绩，存在什么样的基本问题。你们难道不好奇，刚才那两个家庭的孩子最后变得怎么样？结果呢，平常喜欢看书、周末去旅行的那家孩子，上了高中之后，自己决定将来要上医学院。于是他们开始用功读书，后来就真的考进了医学院。而从小就一味叫孩子用功的那一家，孩子们从初中开始就变得叛逆，最后连大学都没考上，只好重考。

“当然，也不是说从小就被父母盯着用功的孩子们都会变成那样。只要孩子们喜欢用功，这也是大部分父母们所期待的，那么就必须找出让孩子对学习更有兴趣、也更喜欢学习的方法。

“不管怎样，越喜欢读书的孩子，越能揣摩出文字所传达的力量。和父母去旅行的同时，也能增加彼此对话的机会。能直接看到、感受到很多事物的话，思考的疆界就会变得有弹性，成长为具有创意、有逻辑性的孩子。如果想为孩子做些什么，却不知该做什么的话，我建议可以和孩子一起阅读，一起旅行，尽量找机会和孩子交谈。我认为，那才是对孩子们宝贵童年的一种关怀。”

“您这话说得真好！我不喜欢读书，如果我的孩子跟我一样的话，还真令人担心呢。”

维珍状似无辜地伸伸舌头，笑了起来。

“如果真的希望孩子将来有所成就，父母就必须先改变自己。父母喜欢读书，孩子们自然也会如此。父母是孩子们最好的朋友，也是他们的镜子。孩子们都是看着父母的所作所为，照样学样的。

“偶尔，我也会看到一些父母想教孩子英文，在家里就故意不和孩子说国语，而说一些不太标准的英文，这真是太令人扼腕了。想教孩子英文，却让孩子跟着英文不怎么好的自己学，那孩子当然学不好。还不如让孩子看英文教学录像带，或是在玩玩具时，直接跟着学习玩具里发出的 A、B、C 发音。

“我家孩子还小的时候，我绝对不在家里说英文。如果有非说英文不可的情况，也必定先告诉孩子，这不是英文，这是国语。如此一来，即使孩子们听到带有本国口音的英文发音，也只会认为那是国语，他还是会跟着自己在录音带里听到过的英文发音，照着学习。

“或许你们也会认为，发音标不标准又不是多么重要的事情，但至少要先听得懂，才能说得出来。因此，想要孩子学好外语，首先就必须为孩子塑造能学好外语的环境。父母如果做不到，还不如让孩子自己去学。”

“真是有趣的论调！虽然我现在还没有孩子，无法有切身感受，但我一定会记住学长的这些话，将来好好活用。”

“或许因为我是学科学出身的，所以感触比较深刻吧。孩子是结合父母双方染色体而孕育出来的生命体，也可算是父母的分身。所以，每次看着孩子，就有种自己又重新诞生的感觉。换句话说，就如现在的我正教养着重生的我一般。所以，当我思考着该给重生的我何种机会时，就能判断出该为孩子做些什么，才是正确之道。”

“是，我一定会铭记在心！”

听到维珍洪亮的回答，他们三人彼此相望，一起爆笑出来。

“想到今天是最后一个晚上，就想对你们多说些话。但你们都还得准备考试，没什么问题吧？”

“当然啊！学长，不用担心，属于我们的夜晚还长着呢！”

全程以认真的眼神专注倾听的建宇，突然朗声答道。其他两人也同意地点点头。

“你们三个人，如果通过最终审核进了公司，将来有什么打算？”

“我还没有认真考虑过。”

维珍还在迟疑之际，瑞娟大声地回答。

“我一定要出人头地，晋升到高层管理职位。我想让大家知道，女人也能做得很好！”

建宇也不甘示弱地高声说。

“我要努力成为CEO。我一直有个梦想，要在像S企业这种活跃在国际舞台上的企业里，纵横天下，营销全世界。”

“你们两人的宏愿真不错！有梦想，才会有目标。既然都已经进入这个企业，就要在组织里发挥自己的长处，以期受到赏识。那么从现在起，就必须建立长期性的计划，开始努力。最简单的方法，就是先找到一个自己崇拜的对象，然后参考那个人所经历过的人生，再树立自己的目标，开始做准备。

“需要学位的，就去拿学位；需要资格证，就去考资格证。如果还需要懂另外一种语言，就必须尽早开始准备。同时，也要认同公司未来的愿景，要思考公司所期待的是什么样的人才。维珍你也必须如同这两个人一样，有自己明确的目标，每天努力面对，才能在公司的10分钟的魔法里，迎接美好的明天。”

“是，我会牢记在心。”

维珍大声回答的同时，突然灵光乍现。

“会不会，那样的表现，就是公司所期待的人才类型，也即S企业的最高价值？”

另外两个人听到维珍的话，耳朵都竖了起来。J短暂想了一下。

“啊，我都差点忘了！维珍第一天提到过的结业考试题目！嗯，‘S企业最有价值的是什么？’”

“S企业是个国际性集团，当然应该会把能带领企业走向未来的人才，视为公司最高的价值。”

建宇的看法也得到瑞娟的附和。

“其实昨晚维珍和我也讨论过这个问题。创办人说过：‘员工就是企业的主人。’综合种种情况来看，我们推断，唯有梦想着未来的员工，才是企业最高的价值。”

“连创办人的话都查过了啊！实际上，很多企业都会借着创办人的故事，来宣传品牌形象。如果只看公司公开宣传的品牌故事中所出现的内容的话，你们的想法就会局限在那里面。我昨天讲解记忆的魔法时，也对于解题的方法、接近问题的方法，做了说明吧？”

“是的，您要我们多多思考出题者的意图，以及从这个题目中能得到些什么，评价出什么。”

“没错，S 企业最有价值的是什么？为什么 S 企业要把这个问题拿来问受训生？坦白说，因为我没有参加这次的培训，实在没法回答。但你们既然都已经参加了一周的培训，就多想想吧。为什么公司要在一周的期间内培训那些课程？公司希望受训生对 S 企业能领悟到什么，赋予何种形象？”

三个人听了学长的建议后，同时在脑中回想过去一周的课程。虽然时间很短，却能和许多优秀的人才交流，产生诸多的感想。J 让三个人有短暂的思考时间之后，才继续说：

“到了明天，我们 10 分钟的约会也将结束。当我回到日常生活中，也会变得很忙。将来，或许我们也很难再有见面的机会。”

“一想到这是最后一晚，就让人感到依依不舍。”

与学长的最后一次约会

“世界上的每一次相遇都是久别重逢。事实上，别离也是因为有了相遇才可能存在，任何的别离都是为了下一次的重逢，但别离也意味着可能再也见不到面。”

“您这么一说，让我突然觉得好难过。我一定会好好努力，活用

10 分钟的魔法，把我成功的面貌呈现给学长看。”

维珍眼角带着泪光。

“不管怎样，我想强调的一点是，在我们的生命中，我们确实不断地和很多的人相遇又别离。当那些和我们结缘的人离开时，我们或多或少都会感到悲伤。有那么多我们所爱的人，一个接着一个从我们身边离开了。

“你们才 20 多岁，或许还没能感觉到什么。人上了年纪的话，比起新的相遇，或许还碰到更多的别离。而那种悲伤，会是年轻时期的好几倍。在不久前，我的外婆过世了……”

J 的话没能说完。

“啊，那您心里一定很难过。”

三人听到 J 外婆去世的消息，都露出凄然的表情。

“我也很喜欢我外公，他是支撑我们家的重要支柱。外公过世后，我们家的家境也渐渐变差。外公在世的时候，真的很疼爱我呢。”

维珍想起外公，情绪变得有点低落。J 拍拍维珍的肩膀，继续说下去。

“我完全可以理解维珍的心情，但我也尽量努力不要只以悲伤的心态来看待别离。由于过去受到太多疼爱，才会让别离显得格外哀伤。因此，当我逐渐能忍住悲伤后，才想从过去所受到的疼爱以及那段岁月当中，找出某种意义来。借由再度回忆逝者所给予我的一切去思考有一天当我也离去之后，又能给后人留下些什么。”

“学长老是这样说，好像我们以后都不再见面似的。”

“事实上，这次之后能否再见，谁都无法保证。所以，最好总是把现在的见面当作最后一次，尽可能地享受我们所共同分享的这一瞬间。我希望你们能把今天所说的时间共享的魔法，再好好思考一次。希望你们三个人到这次培训的最后一刻为止，都能尽最大的努力，得到最好的成果。”

“是！这几天真是太感谢学长了！”

“谢谢您，学长！”

“希望将来还有机会见到您！”

维珍、瑞娟以及建宇，一起目送着 J 离开。

或许今天是最后一次见面也说不定，在与学长共享的时间里，我真的尽力而为了吗？

各种想法充斥在维珍的脑中，这一周来 J 所说过的话，维珍全部都整理在笔记本里。维珍再次在心中深深地感谢 J，相信 J 所说的那些话，会改变自己的一生。

培训的最后一个晚上，就这么过去了。维珍和另外两个人在宿舍的休息室里，畅谈各式各样的话题，一起分享培训最后的时刻。

维珍的笔记

- 时间共享：每个人各自的经验，汇聚在公司这个框架内，发挥出某种协同效应。
- 在时间的共享中，最优先考虑的是对他人的关怀和理解。
- 夫妻之间，也要懂得尊重彼此的时间和彼此的梦想。
- 父母也要懂得尊重孩子的时间，要制造能让孩子独自成长的环境。
- 所有的缘分都存在着相遇和别离，别离也是因为有了相遇才可能存在。

Chapter8

挫折是为你量身定做的礼物

终于到了结业日，拼尽全力的维珍竟然没有被录取。但维珍并没有伤心很久，她最后写道：“时间的魔法真令人感到惊异，通过这次培训，我才发现自己受困于时间的魔法中。今后，我将好好克服时间的魔法，下最大的决心，朝10年后的理想目标努力迈进……”

终于到了培训的最后一天。吃完早饭后，所有人都乘坐巴士前往附近的一座山。最后一天的课程，便从攀登这座颇为险峻的山峰开始。

攀登高峰，就是超越人生

大部分的受训生都很少登山，因此都气喘吁吁地往上爬。相对于一派轻松的负责人们，有的受训生掉了眼泪，间或也有不少人被背着下山。

维珍在脑子里一一整理 J 的教诲，努力构想自己的未来，忍耐着快要喘不过气来的痛苦。当她真的一步也爬不上去，身体不由自主要跌坐下去的时候，真有种想哭出来的冲动。幸好旁边的同事适时递来巧克力和饮料，让维珍多少恢复了些力气。她再度全身心地去感受摇晃着树叶的山风，绑好鞋带后，再次奋力地迈开脚步。维珍想，如果没有旁边的同事，或许根本没法再向前走。

啊，原来登山的目的是为了让我们感受到旁边同事的重要性！

维珍想起了那段艰辛求学的时期，旁边朋友的助力便变得很重要。维珍望着走在前面、卖力往上爬的同事们的背影，又再度鼓起勇气。

“快到了，加油！”

已经攀登到山顶、开始下山的同事，不吝惜地给予上山的人笑容和鼓励，让维珍觉得既感激又羡慕。

我也马上可以像他们一样开心了吧？

不知何时，一直走在身边的瑞娟，拉起维珍的手，两个人互相依靠，尽自己最大的努力向上走。最后一段攀岩路线需要拉着粗绳攀登而上。维珍使尽全力拉紧绳子往上爬。瑞娟在下面推着维珍的臀部，建宇和其他同事则在上面抓着维珍的胳膊，用力地将她提上来。维珍终于攀上顶峰了。

“啊！”

抵达山顶，维珍不觉发出一声深深的叹息。从浓荫蔽日的山林里，突然登上一望无际的顶峰，碧蓝的天空和苍翠的山林，像一幅画般展现在眼前。这一瞬间真是令人感到满心喜悦。维珍精神一振，环顾四周，才发现山顶上已经有了不少人，有些人坐在地上小憩，还有些人在拍照，甚至还能看到小朋友跑来跑去。

维珍在山下时，根本想不到竟然有那么多人能爬到山顶来。一路上，维珍心里也不时挣扎，到底是要继续往上走呢，还是放弃算了。现在想想，还真觉得汗颜。

这个时候的心情，就是J学长所说的，达成人生目标时的喜悦吧！人的一生和攀登高山，也是同样的道理吧。人生是看不到尽头的，虽然必须不断地和自己战斗，只要怀抱着梦想，朝着未来大步向前，总

有一天能像现在攀登到山顶一样，完成自己的志愿！而我满心期盼的未来，如果也能像这碧蓝的天空、清爽的山风、参天的大树一样的话，那该有多好！学长！真是太谢谢您的教诲了！

维珍在心里感谢 J 的同时，也忍不住流下感激的泪水。

从山顶下来，一行人聚集在山下食堂里，用过午饭后，便回到宿舍。受训生洗去身上的汗水，整理好行李后，就群聚到大讲堂中。

没有被录取

除了平时的培训总结大会之外，结业考试也将在大讲堂里举行。考试时间为一小时，共有 61 题。前面先拿到考卷的受训生们，看起来都是一脸茫然。维珍也仔细看了看手中的考卷。

虽然感觉上题目很陌生，但静下心来再看一次，似乎就能稍微理解题目的内容。如 J 所说的，只要能掌握出题者的意图，很容易就能挑选出适当的答案。对于著作权法的题目，虽然无法判断答案究竟选对了没有，但她还是一口气答完了所有的问题。现在就剩下最后一题了。正如讲师之前所预告的一样，请论述 S 企业最有价值的是什么。

论述题？那就是就没有标准答案。

维珍看了题目之后，就按照 J 的话，思索 S 企业通过这道题目，想考查学员们的什么能力。同时，脑中也回想起这一周来所学过的全部课程。创意训练、打破过去经验藩篱的脑力风暴、未来的展望、公司未来的企划，以及今天上午的登山活动。企业最有价值的是什么？什么是企业最为看重的？

一开始，维珍想到上次和同事们谈论到对员工价值的看法。但再细想之后，她觉得，应该还有比那更有价值的存在。苦苦思索之后，维珍终于确定自己的想法没错，于是开始奋笔疾书。

不久，考试结束的铃声响起。不管结果如何，已经全力以赴答题的维珍，为自己感到骄傲，自然也不放弃合格入选的最后一丝希望。但愿能上升 12 位，那就可以不被淘汰，维珍想起了自己的成绩是全体排名第 32 名。

在培训负责人匆忙准备结业式之际，另一边也正在使用计算机批阅刚才的考卷。受训生们各自坐在自己的位置上休息，并紧张地等待结果公布。

接下来举行结业式，象征本次培训完全结束。S 企业的总经理亲自参加，并毫不吝惜地给所有受训生鼓励。他也提到，这是首度实施以培训方式来选拔人才，结果非常成功，同时他也大大地称赞了参与这次培训的所有备选新晋人员。

总经理还表示，这次的竞争非常激烈，合格者和被淘汰者之间的差距并不大。假如不幸被淘汰的话，也不要太失望，下次一定还有机会。维珍一听到竞争很激烈这句话，就觉得快要窒息了。骰子已经抛出去，现在就只能把一切交给命运。

总经理致词后，终于到了优秀结业生颁奖及公布合格者名单的时间。培训负责人停顿了一下之后，开始宣布优秀结业生的名字。

“这次第一届 S 企业新晋人员选拔培训的最优秀结业生是 20 号，崔瑞娟。”

所谓人生，在远处看是喜剧，在近处看是悲剧。
别人的人生是从远处在看，
而自己的人生是在近处看。所以，必然地，
别人的人生看起来会很幸福，
而自己的人生则很痛苦。

令人惊讶的是，维珍的室友瑞娟竟然被选为最优秀的结业生。维珍高兴得就像自己被选中了一般。瑞娟完全没想到会得奖，满脸惊喜地上台领奖，还转身朝着维珍挥了挥手。维珍为这样的瑞娟感到骄傲，也十分羡慕。想想，瑞娟到目前为止一直接受着精英教育，确实是个不可多得的人才。连 J 也对瑞娟坚强的意志和决心，赞不绝口。S 企业以培训来挑出真正人才的方式，的确有独到之处。

大企业果然不同凡响，怎么懂得如此慧眼识英雄呢？

接下来就是公布合格者名单的时间。

哎哟，这么紧张，以后还有什么出息？

维珍心跳加快，难以镇定，只能不断地自责。

大讲堂后方有个人，将一切全看在眼里。那个人正是J。走到台上去的瑞娟一眼便看到了，还向他挥了挥手。J也轻轻地挥手致意。

“2号、34号、27号……”

不知道是否故意为之，还是按照成绩高下排列，主持人宣布号码完全不照顺序来，被叫到号码的受训生高兴得欢呼起来。

“13号！”

前一天晚上一起讨论的建宇也合格了。维珍向建宇道贺，恭喜他通过选拔。培训负责人继续公布，但维珍的号码10号却一直没被叫到。站在前面望着维珍的建宇和瑞娟，脸上也逐渐显现出焦躁的表情。

维珍闭上双眼。

老天爷保佑！

“好，现在剩下最后的两个人了。事实上，第20名与第21名之间只差了两分。因此，所有淘汰者只要把自己当作第21名，好好为下次的机会做准备，我们也会等待你的加入。”

维珍感到十分不安，难道我的好运气就到此为止吗？维珍用力地握紧双手。瞬间，大讲堂里一片静寂。

“最后两名合格者为 40 号！以及……”

维珍紧闭双眼，屏住呼吸。

“十……”

建宇、瑞娟、J 的眼光都朝向维珍望去。

“七……号！最后一位是 17 号。恭喜你们！”

维珍的眼泪在眼眶里打转，时间仿佛完全停了下来。之前那么多的努力，难道全都付诸东流了吗？难道最后一题有关公司最有价值的是什么，自己的答案并不是公司所想要的？维珍的脑子里一团糟。站在后面看着一切的 J 也带着惋惜的心情，转身走出了大讲堂。

在领取公司所发的培训参加费和车马费之际，室友瑞娟和建宇，以及 J 都悄悄地来到维珍的身后。

“学长，我没事！其实，今天我真的考得很好！不过其他参加者也都很出色，所以我并不是太难过。”

维珍表情淡然地向 J 说出自己的感想。

“大讲堂的门开着，我就进去观看了全部的过程。真可惜！其实从一开始，你就知道这是一场艰苦的战争吧？坦白说，我能走到今天这个位置，中间也经历了不少的困难。当初我回国后，首次成立了一家投资公司，但 3 个月就宣告倒闭。无论如何，不管是你还是我，我们都知道 10 分钟的魔法，对不对？这次的失败一定会成为下次成功的契机。我也把那时的失败当作镜子，现在才能过如此自在的生活。"

"没错，维珍！到目前为止，你让我们看到了你的努力，我们也相信将来你一定会成功的！"

"维珍，下次你一定还要来应征，我一定会推荐你的！"

听了瑞娟和建宇的安慰，维珍点了点头。

"呵呵！维珍已经拥有两位这么优秀的朋友呢！了解时间魔法的人，也必定知道该如何做才能拥有一个灿烂的人生。维珍，你一定会有一个不一样的人生的！来，让我们相约10年后，以成功的模样再度相会！"

"是，学长！没问题。请你一定要好好期待，看看10年后那个焕然一新的我！"

不要太过失望，
当下的挫折日后一定会成为华丽的反转，
危机越深，反转就越是精彩。
不要轻易放弃，人生的反转剧还等你去实现。

培训单位为受训生准备了车辆返回首尔。在等车的时间里，大部分受训生在度假饭店旁边聚集，彼此交换对培训的各种感想。

维珍慢慢地环顾四周，牢牢地记住每一个人的长相，回想着仅仅属于这个人的事件和想法。这里真是聚集了形形色色的人，有碰过好几次钉子的受训生，有本来在有名的电信公司工作、现在转业过来的受训生，还有几个人凑在一起拍照。一旁的角落，瑞娟、建宇和J很认真地说着话。

维珍想起上午在山顶上看到的人们。

或许这里也算是一座小小的山，有些人现在享受着征服顶峰的乐趣。而包括我在内没能爬上山顶的人，虽然没法和他们一起分享喜悦，但是现在这座山顶上的喜悦也只是短暂的。或许从明天开始，又要开始攀登另一座高山。从今往后，我们不知还要攀登多少座高山呢？

维珍在心里大声呐喊，今后不管什么样的挑战，一定勇往直前，全力以赴。

与学长最后道别

“心里平静些了吧？”不知何时，J到维珍的身边坐下。

“嗯，我没事了。托学长的福，我变得非常勇敢。这几天和学长的10分钟约会，就像是10分钟的魔法一样，对我的人生有着相当大的影响，让我早已经有了不同的觉悟。尤其是在今天上午辛苦登山的过程中，学长所说过的话，就像走马灯一样在我脑中一一闪过。”

“这就是所谓10分钟的力量，还有10分钟的魔法。我希望你

能永远都怀抱着希望，快乐地生活。能和我约定吗？就照你现在说的一样，将来也认真地面对一切。”

“是，当然可以和学长约定！未来我一定会让学长看到一个全然不同的我。”

“可别光说不练，一定要时常记录下来，时时不忘你的决心！来，把你的决心写在我的笔记本上。”

J 把自己的笔记本递给维珍，还有他珍爱的万宝龙袖珍笔。

“好，学长请你暂时站到后面去，我会害羞的。”

J 呵呵笑着站起来，走到窗边。

维珍迟疑了一下，才开始动笔写了起来。

> 时间的魔法真令人感到惊异，
> 通过这次培训，
> 我才发现自己受困于时间的魔法中。
> 今后，我将好好克服时间的魔法，
> 下最大的决心，
> 朝 10 年后的理想目标努力迈进。
> 学长，请拭目以待！
> 我一定会让您看见我实现梦想的崭新面貌。
>
> 郑维珍　敬上

J 从维珍手上接过笔记本和笔，露出心满意足的表情。

“好，我一定拭目以待！正如你所写的一般，我会在旁边看着你实现自己的梦想。那么，祝你好运！”

J 的手机铃响，接过电话之后，便走向停车场。

维珍一直看着 J，直到 J 从视线里消失。同时也下定决心，下次见面的时候，一定要让 J 看到自己面目一新的模样。

Chapter 9

你不需要做个 100 分的人

就在维珍以为自己再无录取的可能时，她因考试里最后一道论述题的答案获得总经理的赏识而被破格录取。此后，维珍开始新事业的同时，还开始攻读市场学的学位。然而，或许是因为野心太大吧，她累到生病住院。就在这时，有人来探病。来的不是别人，正是她的学长。他又传授了什么魔法，让维珍此后 10 年里成为了市场学博士、企业的 CEO、大学讲师呢？

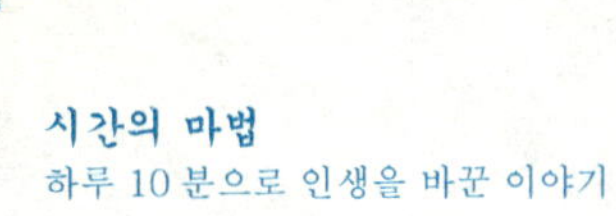

今天是星期一，维珍为了实践与自己10分钟的约定，早上刚从外面散步回来。正开门进来时，放在餐桌上的手机突然大声地响了起来。手机里已经有好几通未接来电，维珍赶紧接起电话。

“喂，您好！”

“请问是郑维珍小姐吗？”

“是的，没错！”

“您怎么这么难联络呢？我是S企业人事部的主管。上周末，我们也打了好几次电话，都找不到您。”

事实上，维珍为了让自己心情平静下来，周末南下到镇海去了。她在老朋友家中住了几天，休息之余，也拟定了好几项计划。因为忘了把充电器带去，周末时电话一直处于关机状态。

人事部主管的电话，来得很突然。

“您这个礼拜能开始来上班吗？”

维珍又被吓了一跳，赶紧开口询问是怎么回事。原来是总经理指示特别任用，因为维珍最后一道论述题的答案，深获总经理赏识。

被破格录取了

“总经理当场看过郑维珍小姐的答案后，便责怪我们，如此出色的回答，为何没有加分。事实上，在客观题方面，郑维珍小姐拿到了满分，也就是说已经拿到笔试分数的满分 120 分。而我们考虑到会有同分的情况出现，才会增设主观题，因为没有正确的答案，可以让考生自由发挥。由于您已经在客观题部分拿到了满分，计分委员们便没有再特别多花心思去考虑，因为已经没有办法再加分了。

“坦白说，我们没想到会有满分者，也没想到会有满分者落榜的情况出现。像这次您即使考试成绩优秀，也因为微小的差距而被淘汰的情况，属于典型的程序上的失误，因此公司内部意见有分歧。

“尤其是总经理对郑维珍小姐的答案，深有同感，还说真是令人印象深刻，从中得到很多领悟。他认为，您是我们公司不可错过的人才。不管怎样，之前没有录取您，我们深感抱歉。只要郑维珍小姐同意的话，今天上午 10 点请务必前来参加新晋人员工作证授予式。十分感谢您！”

人事部主管表达歉意的同时，也详细说明为何一大早打电话来的理由。听着电话那端传来的声音，维珍流下了激动的眼泪。

当时，维珍思考了好久，才写下最后一道题的答案。正如和朋友们一起讨论时那样，究竟该把焦点放在员工身上，还是应该写出自己通过这次培训所领悟到的哲学。最后，维珍得出了结论，S企业最有价值的是时间。

从脑力风暴、性向分析、时事常识、未来学讲座，以及对过去、现在、未来的观察等培训课程，综合而形成的整个中轴脉络来看，维珍认为，主题就是时间。

于是便写下了有关时间让懦弱者感到生活单调无聊，且不时叹怀过往岁月的种种看法。对坚强的人来说，时间可以让人遗忘过去，梦想未来，时间永远在给人提供新的挑战机会。S企业最重视的便是这种时间的价值，不至于迷恋过去的荣华，而能积极地挑战多变的未来。同时，通过此次培训，最重要的收获就是领悟到时间的价值，希望能和朝向未来发展的S企业一同面对挑战。维珍将以上这些内容条分缕析地写在答案纸上。

然而，阅卷者看到这出乎意料的答案，似乎并不怎么重视。但总经理的想法显然不同。事实上，时间的确是S企业极其重视的观念，备选新晋人员能有如此的洞察力，让总经理赞叹不已。因此他认为，维珍所得到的分数不合理，为此指示人事部门特别处理。

维珍终于赶上了新晋人员入职仪式。看到意外出现的维珍，瑞娟和建宇都又惊又喜。对维珍来说，从此以后也有了人生的目标。对一个刚踏出第一步的新晋人员来说，写着 J 学长各项建议的备忘录和日记本，就成了最好的指导手册。

就职之后，维珍为了得到公司的认同，可说是铆足全力。特别是为了成为国际性人才，毫不懈怠地坚持每天学习英语 10 分钟。为了补充自己过去基础的不牢固，还特地去上了好几个月的英语补习班。等到基础打好之后，每天上班途中看 CNN 新闻和各种网站上所提供的学习教材，往往超过 10 分钟。

同时她还每天整理学习笔记，以便周期性地复习。为了将来能对外国客户举办说明会，维珍也努力做到每天 10 分钟在同事们面前以英文发言。如此勤奋的努力之下，维珍的英文能力有了长足的进步。如今，对于 S 企业的商品，她都能直接以英文说明。

再者，为了更认真从事对外活动，也为了不想听到女人体弱、不适合营销业务这样的指责，所以维珍每天也不忘抽 10 分钟去锻炼体力。由于工作繁忙，她尽可能活用公司里的健身器材。同时每天早晚都不忘进行 10 分钟的运动，这个由专家特别设计的阶段性运动课程，旨在强化肌力和心肺功能。

此外，为了加强商业上的社交能力，她还去上钢琴和小提琴这类古典乐器的课程。为了有一副好嗓音，每天也会做 10 分钟的发音练习。虽然只是一天里短短 10 分钟时间，但几年下来坚持不断的努力，让维珍至少有了一技之长，在商业性的社交宴会中，足以发挥自己的魅力。

处理公司业务时，维珍也与众不同。因为具有长期性的展望，除了自己分内之事外，还会去关心 S 企业的所有业务领域，并且积极学习。为了搜集新的情报，就算是去国外出差，她也从不拒绝。她尤其关心未来可发展的新事业，在马上会成为过去的现在，全力以赴，这是维珍对与自己共享时间的组织，所做出的约定。而选拔了维珍的总经理，也对维珍的工作十分关心。

维珍规划了新的事业，果敢地提出企业内创投公司的方案。因为这个构想太过新颖，在公司内部也引发了激烈的争论。但在同期同事们的支持下，维珍的内心充满力量，在总经理等高级主管面前，发表了一场出色的说明，终于得以在公司所准备的一个小小空间里，挂上招牌开张。

勇于挑战新的梦想

当然，企业内创投公司的业务，一开始开展得也不顺利。维珍年纪也不算小了，如果企业内创投公司的业务发展不顺利，自己的薪水也很难保住。这对还要养家的维珍来说，也是一项艰难的选择。

但为了实现将来成为最具权威的时尚专家的梦想，加上有现任总经理的大力支持，维珍觉得此时不做，更待何时。在同期同事中，就连一帆风顺的瑞娟和建宇也很支持维珍的独立，一起协助她说服高级主管。

维珍将 J 学长笔记本里的这段话——现在开始，10 年后会感到喜悦；现在放弃，10 年后会感到后悔——转录在自己的笔记本中，以此激励自己。

维珍开始新事业的同时，也结了婚，还生了孩子。为了让自己更专业，她还开始攻读市场学的学位。比起一般的学生，她的年纪偏大，对于首度接触的新科目，在考试和课题准备上也倍感吃力。然而，通过 10 分钟的魔法，维珍还是克服了学习和育儿的困难。

然而，或许是因为野心太大的关系吧，有一天维珍突然抱着肚子倒在地上，痛得被送到急诊室去。当时，按照医生的诊断，情况很严重，至少得住院一个星期，要好好休息。维珍担心自己请假，会对公司业务有所影响，也担心家里会乱成一团，即使躺在病床上，也是惴惴不安。

就在这时，有人来探病。来的不是别人，正是 J。维珍惊诧莫名，同时也很惊喜。除了问候之外，J 还递给维珍一封信。

“好好记住这封信的内容，每当你感到疲惫的时候，希望你能把信再看一次。其实，这是我时常对我妻子以及儿子所说的话。因为也想把这些话告诉你，所以重新整理了一次。”

她赶紧把信打开来看，内容如下：

做个 90 分的人！

人活在世上，最重要的不是金钱，也不是爱情，而是健康。或许你不知道，有一个健康的身体，代表着多么大的幸福。然而，有些人事事要求自己做到 100 分，这样的野心也让自己身心俱疲。越是认真生活的人，越会如此。

教育子女的同时，没有必要非要做到 100 分。即使是 90 分，也已经算是非常优秀的母亲。如果过度照顾、教养孩子的话，长此以往母亲的身体就会不堪负荷。

如果是准备大考的考生，或许还说得过去。但对一个一面工作一面深造的人来讲，没必要非得拿 100 分。拿到 90 分的学生，也一样很优秀。如果只是想靠自己一个人的力量，又想做好研究课题、考试得高分，又想超越其他学生获得教授的认同，这得付出多大的努力才行呢？如此一来，必然会影响自己的工作以及健康。

100 分和 90 分有着天壤之别。如果拿到 100 分，必须付出 100 分的努力的话，那么拿 90 分，付出的努力只需要 50 分以及一颗乐在其中的心。

人的一生都在不断和时间赛跑，现在这一时刻并不能决定胜负，所以不要想同时做好一个完美的母亲以及一个完美的学生。如果你相信10分钟的魔法，在限定的时间内，不用做到最好，只要尽力而为，那就足够了。没必要为了做给别人看而牺牲自己。或许你不知道，太过在意别人的眼光，是多么伤神，又多么疲惫的事情。

记住，别人根本不在意你做了什么。与其烦恼别人怎么看你，不如更健康、更愉快地享受生活。要明白自己所处的情况和所拥有的能力，更坦率地对待自己，这才是最重要的。

切记，我们活着的最大理由，便是为了今天的幸福！

维珍读着信，眼眶中盈满了泪水。这封信的内容，满载着前辈对后辈的关爱。

“学长真的太了解我了，确实如此。我是一个十足的工作狂，也因为太好强的关系，不喜欢输给别人。连在公司里，也因为不想听到别人负面的批评，往往十分在意他人的反应。上研究所时，为了想拿到好成绩，拼命准备高难度的考试，还不时因此对丈夫和孩子发脾气。

“我也希望能听到别人说我的孩子最可爱，只要孩子稍微哭闹，我就会去抱他、哄他。反而常弄得自己腰酸背痛，手臂膝盖都发酸。

由于太过辛苦疲累的关系，身旁的丈夫看了都会时常抱怨。这些都是因为我的野心太大所造成的。而且，因为我的野心，我的身体和心灵都受到不少伤害。”

泪水顺着维珍的两颊流了下来，J 仿佛能完全体会维珍的心情。

“我曾经也有过和你类似的经验。我太太在大学教书，也是一样。很多人都因为有 100 分的野心，生活得非常辛苦。其实，我早就想对你说这些话了。认真生活的人，至少都会经历一次这种由于日益沉重的生活负担，而备感艰辛的时刻。对你来说，大概就是现在吧。

“这封信的内容，就写在我和太太共享的日记本首页上。每当我们感到沮丧、疲惫时，便会看看这封信，得到一些安慰。如果我们能抛掉一些野心，也就是说，不要为了想得到 100 分而太过伤神的话，人生一定会变得更加美好，更加快乐。要好好珍惜自己，爱护自己之后，才能享受到人生的乐趣。”

J 温暖的话语，让躺在病床上的维珍，心中仿佛放下一块大石。

该好好地珍惜自己，爱护自己才对！

10 分钟的魔法所带来的成功

岁月匆匆，10 多年就这么过去了。维珍终于拿到博士学位，公司也成长到年销售额达 100 亿元水平的规模，自己所梦想的 10 年目标，可以说是全都实现了。

谁都想象不到维珍曾经有过多么艰难的岁月，因为缴不起学费，差点放弃上大学，赚一天过一天。这些过往无人知晓，或许也没人在意吧。现在人们所知道的维珍是一个市场学博士，也是企业的CEO，还是大学讲师，如此而已。

请经常照照心里那面镜子，回想一下过去的梦想，
设计一下即将到来的未来。
当小小的努力汇聚成河时，你就会在人生这条
长长的索道上找到平衡，而你最终会明白，
平衡的两端分别是成功和幸福……

如果没有这 10 多年来的努力，那么现在的维珍又会是什么样子呢？偶尔，维珍也会这样想。

如果我仅仅满足于一个播报员的生活，一天过一天的话？

如果我因为害怕，放弃应征 S 企业的话？

如果我被工作套牢，没能拿到学位的话？

如果我对未来没有梦想，只满足于现实的话？

不知不觉中维珍已经快 40 岁了。人们口中称赞且尊敬的，不是年轻时的她，而是现在的她。J 所教给她的 10 分钟的魔法，让维珍不再感叹自己一天天老去，而是成为即使老到皱纹满面，也能受人尊敬的人。这样的维珍，即使到了 50 岁，也还是会怀抱着另一个梦想，持续不断地努力。

维珍相信，10 分钟的魔法有一天会让自己看到梦想实现，心满意足的自己。

Ending

采访结束后，新的人生才正要开始……

维珍说完后，暂时沉默了下来。

记者小姜的表情，此刻显得激动万分。

“今天听到教授您和学长 J 的故事，让我感触良多。想起自己过去辛苦却无意义的生活，我深深地感到惋惜。我原本以为出了社会都是这样，虽然厌倦每天反复的日常生活，但也只能在其中苦苦挣扎。而这正是因为时间的魔法造成我的怠惰，让我放弃了自己的人生，在我自暴自弃之际，难以计数的时间就此流逝。”

在小姜的脑中，维珍的人生和自己的人生交叉一闪而过。他不禁热泪盈眶，于是拿下眼镜，用手帕重重地按了按眼睛。看到小姜的样子，维珍从提包里拿出一样东西，是一本日记。

“听到姜先生你说对现实感到厌倦、心生苦闷的话，我就想起了学长在医院里给我的那封信。那时候我既希望刚开始的新事业能宏图大展，又不愿在迟迟才开始的课业上输给那些年轻的学生们，被人瞧不起。所以我每天都看书到很晚，还要忙公司的事情、小孩的事情，每一样都不想放弃。我总觉得时间不够用，而要做的事情堆得跟山一样高。

“躺在病床上的那段时间里，我曾经传简讯给我的学长，说活着实在太辛苦了。我真的很感谢学长，竟然亲自到医院来探望我。那封信的内容就是‘做个 90 分的人’。我总是将这封信随身携带，随时拿出来看。”

维珍打开日记本，拿出夹在最前面的一张纸，递给小姜看。

小姜一拿到这封信，马上戴上眼镜，慢慢地读下去。不知过了多久，小姜才缓缓开口。

“珍惜自己，爱护自己，做个 90 分的人！结论也就是说，所有的努力都必须出于爱自己的心。今天和教授您的一番谈话，让我找到了今后该如何好好生活的方法。借由 10 分钟的魔法，我也有了自信，能做到所有的一切。现在，我就已经开始在脑中规划该如何使用 10 分钟的魔法。啊！我已经开始期待几年后我会有什么样的改变，想到这点，就觉得心潮澎湃！”

小姜笑逐颜开地说。

“想象着自己的梦想，现在我也好想看一眼，像教授您当初在山顶上看到的那种碧蓝如洗、一望无际的天空。这个周末，我一定要到附近的山上去看看。登上山顶，仰望着蓝天，感受那股成就感。同时在心里描绘一个未来要实现的梦想和全新的自己，大声呐喊！”

两人谈论着各自的人生，在共享的时间里，记者小姜在不知不觉中突破了受限的思维藩篱，自然而然地接受了维珍的经验。

几周后，采访的报社送来最新一期的杂志。维珍打开封套，小心地拿出来翻阅，她的10分钟的魔法专访，被当作特别报导，在封面上以醒目的标题刊出。

维珍带着满足的心情，翻开书页。

学长看到我的记事本时，也是这种感觉吧？

维珍的成功史和关于“10分钟的魔法”的缘由，在两页的篇幅中，被详尽叙述出来。

现代社会中，财富成为人们评价幸福的绝对标准，让人们借由与他人的比较，刺激相对性的占有欲，从而也使人们陷入挫折感和剥夺感之中，被时间的魔法困住。

当我们将幸福指数除以欲望大小时，可以明显看出，虽然人们的收入明显比过去高了很多，但却无法确定是否就因此变得幸福，因为作为分母的欲望也有变大的趋势。这是一百多年前凯恩斯曾经说过的话。正如法顶禅师（1932～2010年，韩国知名法师）所言，想要变得幸福，就得改变自己对欲望的价值观。

郑维珍博士对此问题的解决方法，便是不求100分，只以90分为目标。同时强调，幸福的标准不在于别人的看法，而在于自我满足。再者，不要执着于已经无法挽回的过去，要为了10年后的自己，从现在就开始规划。

并且，为了达成此目标，从每个今天开始实践10分钟的约定，以这种小小的变化，来跳脱出时间的魔法所造成的单调无聊的重复日常生活。

忙碌枯燥的日常生活，每天都持续重复，只会使不安和不满逐渐累积。如果想要找到某种改变的契机，却无从下手的话，请遵照郑维珍博士的建议，从时间的魔法中跳脱出来，并努力去活用这种魔法。

维珍读着这篇专访，看到自己过去的努力被报道出来，内心百感交集。当她读到记者小姜简短扼要的感想，更是感动在心。小姜写道，自己因为这次的专访，对人生有了不同的领悟，生活也从而也有了很大的改变。他得以再度梦想未来，并活用10分钟的魔法，以平静之心为梦想而努力。在字里行间，维珍似乎也能感受到记者小姜的幸福。也因为能将10分钟的魔法多告诉一个人，而感到万分欣慰。

维珍再拿起第二封邮件，是一封航空信，没有发信人的名字。从邮局钢印来看，是从澳大利亚寄来的信。打开信封一看，她不由得又惊又喜。

信封里装着的是维珍当初在新晋人员培训时，写给J的一封约定书，还有恭喜她实现梦想、并告知维珍他现在正在澳大利亚展开新的未来的一封短信。

学长竟然至今都还保存着我的约定书啊！

由衷感激的同时，看着自己10余年前所下定的决心，维珍更为现在的自己感到骄傲。J即使身处国外，也仍关注着维珍的近况。不管怎样，当初在学长面前说过一定要以成功的姿态，再度出现在学长面前，这个约定，如今算是做到了。

正如信中的内容所述，J为了自己人生新的挑战，已经远离家乡，飞往遥远的异乡。维珍觉得J真是个了不起的人，也再度想起他所说的相遇和别离的话。

别离是因为有了相遇才存在，任何的别离都是为了下一次的重逢。

维珍相信，因为有了别离，才有下一次的相遇。她也有信心，当她完成下一个 10 年梦想之后，必定能再见到学长。然后她将会告诉学长，10 分钟的魔法又如何改变了自己。

阳光妹每天 10 分钟读一段英文

王海鸥每天 10 分钟练习瑜珈

海鸥每天 10 分钟练习瑜珈

钟小柔每天 10 分钟记 5 个韩语单词

钟小柔每天 10 分钟记 5 个韩语单词

忍者每天 10 分钟练习跳舞

忍者每天 10 分钟练习跳舞

涛哥每天 10 分钟弹钢琴

涛哥每天 10 分钟弹钢琴

骷髅哥每天 10 分钟记 5 个日文单词

骷髅哥每天 10 分钟记 5 个日文单词

王军每天 10 分钟静坐

王军每天 10 分钟静坐

帮主每天 10 分钟浏览新闻

乔帮主每天 10 分钟浏览新闻

光妹每天 10 分钟读一段英文

阳光妹每天 10 分钟读一段英文

王海鸥每天 10 分钟练习瑜珈

海鸥每天 10 分钟练习瑜珈

钟小柔每天 10 分钟记 5 个韩语单词

钟小柔每天 10 分钟记 5 个韩语单词

忍者每天 10 分钟练习跳舞

忍者每天 10 分钟练习跳舞

涛哥每天 10 分钟弹钢琴

涛哥每天 10 分钟弹钢琴

骷髅哥每天 10 分钟记 5 个日文单词

骷髅哥每天 10 分钟记 5 个日文单词

“iHappy 书友会”会员申请表

姓　名（以身份证为准）：____________；性　别：________________________；

年　龄：____________________________；职　业：________________________；

手机号码：__________________________；E-mail：________________________；

邮寄地址：__________________________；邮政编码：______________________；

微信账号：__________________________（选填）

请严格按上述格式将相关信息发邮件至中资海派“iHappy 书友会”会员服务部。

邮　箱：zzhpHYFW@126.com

微信联系方式：请扫描二维码或查找 zzhpszpublishing 关注“中资海派图书”

<table>
<tr><td rowspan="8">优惠订购</td><td>订阅人</td><td></td><td>部　门</td><td></td><td>单位名称</td><td colspan="2"></td></tr>
<tr><td>地　址</td><td colspan="6"></td></tr>
<tr><td>电　话</td><td colspan="3"></td><td>传　真</td><td colspan="2"></td></tr>
<tr><td>电子邮箱</td><td colspan="2"></td><td>公司网址</td><td></td><td>邮　编</td><td></td></tr>
<tr><td>订购书目</td><td colspan="6"></td></tr>
<tr><td rowspan="2">付款方式</td><td>邮局汇款</td><td colspan="5">中资海派商务管理（深圳）有限公司
中国深圳银湖路中国脑库 A 栋四楼　　邮编：518029</td></tr>
<tr><td>银行电汇或转账</td><td colspan="5">户　名：中资海派商务管理(深圳)有限公司
开户行：招行深圳科苑支行
账　号：81 5781 4257 1000 1
交行太平洋卡户名：桂林　　卡号：6014 2836 3110 4770 8</td></tr>
<tr><td>附注</td><td colspan="6">1. 请将订阅单连同汇款单影印件传真或邮寄，以凭办理。
2. 订阅单请用正楷填写清楚，以便以最快方式送达。
3. 咨询热线：0755-25970306转158、168　传　真：0755-25970309
E-mail: szmiss@126.com</td></tr>
</table>

→利用本订购单订购一律享受九折特价优惠。

→团购 30 本以上八五折优惠。